小学生からの ことわざ教室 2

飼い犬に手をかまれる

のれんに腕押し

負けるが勝ち

医者の不養生

糠に釘

正直は一生の宝

文・よこたきよし

●教育評論社●

はじめに

ことわざは、ことばの業《わざ》。かんたんでわかりやすく覚《おぼ》えやすい表現《ひょうげん》で、生活《せいかつ》のための知恵《ちえ》や教訓《きょうくん》、物事《ものごと》の例《たと》えなどを言《い》い表《あらわ》すものです。おもしろいものや楽《たの》しいものがたくさんあります。

もちろん、外国《がいこく》には外国《がいこく》のことわざがあります。その中《なか》には日本人《にっぽんじん》が聞《き》いても、意味《いみ》がわかるものもあります。でも、わからないものもたくさんあります。同《おな》じように、日本《にっぽん》のことわざは、外国《がいこく》の人《ひと》にはわからないものもあります。ことわざには、その国《くに》で暮《く》らしている人々《ひとびと》が、長《なが》い歴史《れきし》の中《なか》で積《つ》み上《あ》げた文化《ぶんか》や考《かんが》え方《かた》がもとになっているものがあるからです。

その意味《いみ》では、日本《にっぽん》のことわざを知《し》ることは日本《にっぽん》を知《し》ることにつながるとも言《い》えます。少《すこ》し古《ふる》くさい考《かんが》え方《かた》に思《おも》えるものもあるでしょう。でも、それも日本人《にっぽんじん》はこんなふうに考《かんが》えていたのか、という視点《してん》で見《み》ればうなずけます。ことわざの教《おし》えに従《したが》わなければならないというわけではないのですから、気楽《きらく》に楽《たの》しんでいただきたいと思《おも》っています。

この本《ほん》を通《とお》して、読者《どくしゃ》のみなさまがことわざを覚《おぼ》え、日本《にっぽん》のことばの業《わざ》に親《した》しんでいただければ幸《さいわ》いです。

もくじ

類《るい》は友《とも》をよぶの巻《まき》 …… 8
泣《な》く子《こ》と地頭《じとう》には勝《か》てぬの巻《まき》 …… 10
親孝行《おやこうこう》したいときには親《おや》はなしの巻《まき》 …… 12
立《た》っているものは親《おや》でも使《つか》えの巻《まき》 …… 14
短気《たんき》は損気《そんき》の巻《まき》 …… 16
相撲《すもう》に勝《か》って勝負《しょうぶ》に負《ま》けるの巻《まき》 …… 18
百日《ひゃくにち》の説法《せっぽう》屁《へ》一《ひと》つの巻《まき》 …… 20
明日《あした》は明日《あした》の風《かぜ》が吹《ふ》くの巻《まき》 …… 22
明日《あす》の百《ひゃく》より今日《きょう》の五十《ごじゅう》の巻《まき》 …… 24
鯛《たい》の尾《お》より鰯《いわし》の頭《かしら》の巻《まき》 …… 26
鹿《しか》を逐《お》う者《もの》は山《やま》を見《み》ずの巻《まき》 …… 28
悪事千里《あくじせんり》を行《い》くの巻《まき》 …… 30
馬子《まご》にも衣装《いしょう》の巻《まき》 …… 32
山椒《さんしょう》は小粒《こつぶ》でもぴりりと辛《から》いの巻《まき》 …… 34
畳《たたみ》の上《うえ》の水練《すいれん》の巻《まき》 …… 36
上見《うえみ》ぬ鷲《わし》の巻《まき》 …… 38
七転《ななころ》び八起《やお》きの巻《まき》 …… 40

瓢箪《ひょうたん》から駒《こま》が出《で》るの巻《まき》 …… 42
泥棒《どろぼう》を見《み》て縄《なわ》をなうの巻《まき》 …… 44
夫婦《ふうふ》げんかは犬《いぬ》も食《く》わないの巻《まき》 …… 46
盗人《ぬすびと》に追《お》い銭《せん》の巻《まき》 …… 48
すべての道《みち》はローマに通《つう》ずの巻《まき》 …… 50
蓼《たで》食《く》う虫《むし》も好《す》き好《ず》きの巻《まき》 …… 52
頭《あたま》の上《うえ》の蠅《はえ》を追《お》えの巻《まき》 …… 54
秋葉山《あきばさん》から火事《かじ》の巻《まき》 …… 56
空《す》き腹《はら》にまずいものなしの巻《まき》 …… 58
地獄《じごく》の沙汰《さた》も金次第《かねしだい》の巻《まき》 …… 60
ただより高《たか》いものはないの巻《まき》 …… 62
触《さわ》らぬ神《かみ》にたたりなしの巻《まき》 …… 64
鳥《とり》なき里《さと》の蝙蝠《こうもり》の巻《まき》 …… 66
柳《やなぎ》に風《かざ》折《お》れなしの巻《まき》 …… 68
上手《じょうず》の手《て》から水《みず》が漏《も》るの巻《まき》 …… 70
人《ひと》をのろわば穴二《あなふた》つの巻《まき》 …… 72
情《なさ》けは人《ひと》のためならずの巻《まき》 …… 74
夜道《よみち》に日《ひ》は暮《く》れぬの巻《まき》 …… 76
仏作《ほとけつく》って魂入《たましいい》れずの巻《まき》 …… 78

若《わか》いときの苦労《くろう》は買《か》ってでもせよの巻《まき》 …… 80
憎《にく》まれっ子《こ》世《よ》にはばかるの巻《まき》 …… 82
大山鳴動《たいざんめいどう》してねずみ一匹《いっぴき》の巻《まき》 …… 84
蟻《あり》の穴《あな》から堤《つつみ》も崩《くず》れるの巻《まき》 …… 86
かわいさあまって憎《にく》さ百倍《ひゃくばい》の巻《まき》 …… 88
起《お》きて半畳《はんじょう》寝《ね》て一畳《いちじょう》の巻《まき》 …… 90
口《くち》と財布《さいふ》は締《し》めるが得《とく》の巻《まき》 …… 92
歌《うた》は世《よ》につれ世《よ》は歌《うた》につれの巻《まき》 …… 94
歳月《さいげつ》は人《ひと》を待《ま》たずの巻《まき》 …… 96
臭《くさ》いものにふたをするの巻《まき》 …… 98
大事《だいじ》の前《まえ》の小事《しょうじ》の巻《まき》 …… 100
人《ひと》には添《そ》うてみよ馬《うま》には乗《の》ってみよの巻《まき》 …… 102
病《やまい》は気《き》からの巻《まき》 …… 104
地獄《じごく》で仏《ほとけ》の巻《まき》 …… 106
年寄《としよ》りの冷《ひ》や水《みず》の巻《まき》 …… 108
敵《てき》に塩《しお》を送《おく》るの巻《まき》 …… 110
魚心《うおごころ》あれば水心《みずごころ》の巻《まき》 …… 112
さくいん …… 114

この本《ほん》の楽《たの》しみ方《かた》・使《つか》い方《かた》

●この本《ほん》で取《と》り上《あ》げたことわざは

ことわざは、たくさんあります。この本《ほん》では、「小学生《しょうがくせい》からのことわざ教室《きょうしつ》」に掲載《けいさい》できなかったことわざの中《なか》から、よく使《つか》われていることわざを選《えら》んで取《と》り上《あ》げました。

この本《ほん》の姉妹編《しまいへん》、「小学生《しょうがくせい》からのことわざ教室《きょうしつ》」も合《あ》わせて参考《さんこう》にしていただければ幸《さいわ》いです。

●まず、マンガを通《とお》して

いくつかのことわざを使《つか》った四《よん》コマのマンガを、まず楽《たの》しんでください。そのことわざが、どんな場面《ばめん》でどのように使《つか》われるのかが、自然《しぜん》とわかります。知《し》らないことわざが出《で》てきても、全体《ぜんたい》の意味《いみ》や雰囲気《ふんいき》はわかってもらえると思《おも》います。

マンガのとなりのページには、会話《かいわ》の中《なか》に出《で》てきたことわざの意味《いみ》を解説《かいせつ》しました。マンガの中《なか》のことわざの意味《いみ》がわからなかったときは、意味《いみ》を調《しら》べてからもう一度《いちど》マンガを読《よ》んでみましょう。

解説《かいせつ》にはマンガに出《で》てきたことわざ以外《いがい》にも、同時《どうじ》に覚《おぼ》えてもらいたいことわざなども載《の》せました。そちらも読《よ》んでみてください。

●さくいんを利用《りよう》して

巻末《かんまつ》には、「さくいん」を掲載《けいさい》しました。何《なに》かで読《よ》んだことわざ、どこかで聞《き》いたことわざなどを調《しら》べるときに役《やく》立《だ》つはずです。「さくいん」を利用《りよう》して、この本《ほん》をことわざの事典《じてん》としても役立《やくだ》ててください。

●ことわざを使《つか》ってみましょう

ことわざには、昔《むかし》の人《ひと》の知《ち》恵《え》がぎっしりつまっています。もちろん、今《いま》でも役《やく》に立《た》つ知恵《ちえ》もたくさんあります。

同《おな》じことを伝《つた》える場合《ばあい》でも、ことわざを利用《りよう》するとわかりやすくなることもあります。堅苦《かたくる》しいことが、柔《やわ》らかく表現《ひょうげん》できたりすることもあります。

この本《ほん》で覚《おぼ》えたことわざは、会話《かいわ》や作文《さくぶん》にどんどん使《つか》ってみましょう。ことばの表現《ひょうげん》が、一層豊《いっそうゆた》かになり、楽《たの》しいものになるはずです。ことわざは、覚《おぼ》えるだけではつまりません。ことわざを自分《じぶん》の表現《ひょうげん》の一《ひと》つとして、活用《かつよう》してもらえることを願《ねが》っています。

類《るい》は友《とも》をよぶの巻《まき》

私《わたし》たち、満点《まんてん》トリオなの。
おかえり!
このごろ、成績《せいせき》が上《あ》がったわね。
100
50
みんな、よく勉強《べんきょう》しているものね。
朱《しゅ》に交《まじ》われば赤《あか》くなる、か。みんなのおかげだな。
うりゃ〜〜
ぎゃあああ
八百浜
問題《もんだい》は、お兄《にい》ちゃんの方《ほう》よね。
うん?
類《るい》は友《とも》をよぶか!こっちはダメ男《おとこ》の集《あつ》まりだ。
うおりゃ
よっしゃ〜
ぐえ〜〜

朱《しゅ》に交《まじ》われば赤《あか》くなる

赤《あか》の中《なか》にまじっていると自然《しぜん》と赤《あか》く染《そ》まってしまうという意味《いみ》で、人《ひと》は身《み》のまわりの環境《かんきょう》や付《つ》き合《あ》う人《ひと》によって、悪《わる》い影響《えいきょう》も良《よ》い影響《えいきょう》も受《う》けるという例《たと》え。良《よ》い人《ひと》たちと付《つ》き合《あ》えば良《よ》い人間《にんげん》になり、悪《わる》い人《ひと》たちと付《つ》き合《あ》えば悪《わる》い人間《にんげん》になる。だから、良《よ》い友達《ともだち》を選《えら》んで付《つ》き合《あ》うことが大切《たいせつ》だという教《おし》えでもある。

人《ひと》が身《み》のまわりの環境《かんきょう》や育《そだ》て方《かた》に影響《えいきょう》されるという意味《いみ》では、**氏《うじ》より育《そだ》ち**もその一《ひと》つ。氏《うじ》は生《う》まれついた家柄《いえがら》や血筋《ちすじ》のことで、そんなことよりも環境《かんきょう》や教育《きょういく》で人間《にんげん》はりっぱに育《そだ》つのだという意味《いみ》。

色《いろ》が出《で》てくることわざのもう一《ひと》つに、**青《あお》は藍《あい》より出《い》でて藍《あい》より青《あお》し**がある。藍《あい》という草《くさ》から作《つく》る染料《せんりょう》は、藍《あい》よりも青《あお》い。つまり、先生《せんせい》よりも教《おし》えてもらった弟子《でし》の方《ほう》が優《すぐ》れているという意味《いみ》の例《たと》え。

類《るい》は友《とも》をよぶ

気《き》が合《あ》う友達《ともだち》は、気楽《きらく》に付《つ》き合《あ》えるし一緒《いっしょ》にいるのが楽《たの》しい。考《かんが》え方《かた》が似《に》ていたり、趣味《しゅみ》や好《す》きなものが同《おな》じだったりする者同士《ものどうし》は、何《なん》となく自然《しぜん》と集《あつ》まって仲間《なかま》になるということ。**牛《うし》は牛連《うしづ》れ馬《うま》は馬連《うまづ》れ**、**類《るい》を以《もっ》て集《あつ》まる**も同《おな》じような意味《いみ》のことわざ。

泣《な》く子《こ》と地頭《じとう》には勝《か》てぬの巻《まき》

じゃ、おじいちゃん お願《ねが》いします。行《い》ってきます。
大丈夫《だいじょうぶ》。ゆっくりして来《こ》い。
大丈夫《だいじょうぶ》ですか？
ははは、親《おや》はなくとも子《こ》は育《そだ》つって言《い》うくらいだ。心配《しんぱい》ないさ。
ぐすっ
わ〜〜ん
まいったな。べろべろばー。
かわいそう、かわいそう。こっちへおいで。
やっぱり、おじいちゃんじゃだめね。
泣《な》く子《こ》と地頭《じとう》には勝《か》てぬだな。
パチッ
キャッキャッ

親《おや》はなくとも子《こ》は育《そだ》つ

親《おや》がいなくなったとしても、子《こ》どもはどうにか育《そだ》つものだ。世《よ》の中《なか》は冷《つめ》たいことばかりではないから、そんなに心配《しんぱい》しなくてもうまくいくという教《おし》え。

親子関係《おやこかんけい》のことわざには、**親《おや》の甘茶《あまちゃ》が毒《どく》になる**というのもある。親《おや》がちやほやすることが、かえって子《こ》どもをだめにしたり悪《わる》くしたりしてしまうという意味《いみ》の教《おし》え。

あまいわよ!
甘茶
甘茶

生《う》みの親《おや》より育《そだ》ての親《おや》も、親子関係《おやこかんけい》のことわざの一《ひと》つ。生《う》んでくれた親《おや》よりも、苦労《くろう》をして育《そだ》ててくれた親《おや》の方《ほう》がありがたいものだということ。

泣《な》く子《こ》と地頭《じとう》には勝《か》てぬ

地頭《じとう》は、鎌倉時代《かまくらじだい》の農地《のうち》を管理《かんり》したり税金《ぜいきん》を集《あつ》めたりした役人《やくにん》。農民《のうみん》は地頭《じとう》に苦《くる》しめられることも多《おお》かった。泣《な》いてだだをこねる子《こ》どもや地頭《じとう》には、何《なに》をしようと負《ま》けてしまう。きちんとした説明《せつめい》を聞《き》こうともしない相手《あいて》は、説得《せっとく》することができない。何《なに》をいくら言《い》ってもむだという例《たと》え。

おかし
まけた!
かって〜

赤《あか》ん坊《ぼう》や幼《おさな》い子《こ》がよく泣《な》くことを取《と》り上《あ》げたことわざに、**泣《な》く子《こ》は育《そだ》つ**がある。よく泣《な》く子《こ》は丈夫《じょうぶ》に育《そだ》つという意味《いみ》で、泣《な》き騒《さわ》ぐ子《こ》に手《て》を焼《や》いているお母《かあ》さんに、「泣《な》く子《こ》は育《そだ》つと言《い》いますよ」などと言《い》ってなぐさめたりする。

親孝行《おやこうこう》したいときには親《おや》はなしの巻《まき》

お母《かあ》さん、風邪《かぜ》を引《ひ》いたみたい。
わたし、出《で》かけるけど、ゆっくり寝《ね》てて。
コンコン
1
こんな時《とき》こそ、親孝行《おやこうこう》をしてもらいたいわ。**親孝行《おやこうこう》したいときには親《おや》はなし**なのよ。
フラフラ
2
寝《ね》ていれば治《なお》るって。**老《お》いては子《こ》に従《したが》えよ。**
3
石《いし》にふとんは着《き》せられず。死《し》んでから親孝行《おやこうこう》はできないわよ。
ズーン
おおげさ～!
ヒェ～
4

親孝行《おやこうこう》したいときには親《おや》はなし

親孝行《おやこうこう》をしたいと思《おも》ったときには、親《おや》はもうなくなってしまっている。親《おや》を失《うしな》って初《はじ》めて、親《おや》のありがたさに気《き》がつくものだということを言《い》ったもの。だから、親孝行《おやこうこう》は親《おや》が生《い》きているうちにしておくものだという教《おし》え。**孝行《こうこう》のしたい時《じ》分《ぶん》に親《おや》はなし**も同《おな》じ。

老《お》いては子《こ》に従《したが》え

年《とし》を取《と》ったら意地《いじ》を張《は》らずに、子《こ》どもの言《い》うことを聞《き》きなさい。子《こ》どもに任《まか》せて、子《こ》どもに従《したが》いなさいという教《おし》え。

負《お》うた子《こ》に教《おし》えられて浅瀬《あさせ》を渡《わた》るは、おんぶをした子《こ》どもに浅《あさ》い場所《ばしょ》を教《おし》えられて川《かわ》を渡《わた》るという意味《いみ》で、場合《ばあい》によっては経験《けいけん》のない若《わか》い人《ひと》に教《おし》えられることもあるという例《たと》え。

石《いし》にふとんは着《き》せられず

このことわざの石《いし》は、墓石《はかいし》のこと。寒《さむ》くないようにと墓石《はかいし》にふとんをかけたりできないし、かけてみてもまったく役《やく》に立《た》たない。ふつうは親《おや》の墓石《はかいし》のことを言《い》ったもので、なくなってしまった親《おや》への恩返《おんがえ》しや親孝行《こうこう》は、親《おや》が生《い》きているうちにするべきだという教《おし》え。

立《た》っているものは親《おや》でも使《つか》えの巻《まき》

ふがぁ〜。
ふぁ〜。
ポリポリ
まったく、蛙《かえる》の子《こ》は蛙《かえる》。よく言《い》ったものね。
ポリポリ
お茶《ちゃ》くれないか。
何《なに》よ。あなたまで!
わたしはジュース。
ビクッ
だって、立《た》っているものは親《おや》でも使《つか》えって言《い》うじゃない。

蛙《かえる》の子《こ》は蛙《かえる》

　蛙《かえる》から生《う》まれた子《こ》は、やはり蛙《かえる》だということ。親子《おやこ》は似《に》ていないように見《み》えても、やっぱり似《に》ているし、同《おな》じような道《みち》を歩《あゆ》むものだという意味《いみ》。学者《がくしゃ》の子《こ》が親《おや》と同《おな》じように学者《がくしゃ》になったり、スポーツマンの子《こ》がスポーツマンになったりするような場合《ばあい》にも使《つか》う。しかし、平凡《へいぼん》な親《おや》の子《こ》は、親《おや》と同《おな》じようにやっぱり平凡《へいぼん》だという意味《いみ》で使《つか》う場合《ばあい》もある。

　親子《おやこ》が似《に》ているという意《い》味《み》では、**子《こ》は親《おや》の鏡《かがみ》**ということわざもある。子《こ》どもは親《おや》の言《い》うことややることを見《み》て育《そだ》つので、親《おや》に似《に》るものだ。子《こ》どもを見《み》れば、その親《おや》がどんな親《おや》なのかがわかるという意味《いみ》だ。

　親《おや》と子《こ》を入《い》れ替《か》えた**親《おや》は子《こ》の鑑《かがみ》**は、子《こ》どもは親《おや》を見《み》習《なら》って成長《せいちょう》するのだから、良《よ》い手本《てほん》、見本《みほん》になるように、親《おや》は気《き》をつけなさいという教《おし》え。

立《た》っているものは親《おや》でも使《つか》え

　急用《きゅうよう》があるときは、そばにいる人《ひと》ならだれでもいいから用事《ようじ》を言《い》いつけたりたのんだりして、その人《ひと》を使《つか》う方《ほう》が、自分《じぶん》でやるより手《て》っ取《と》り早《ばや》い。そうする方《ほう》が良《よ》いという意味《いみ》。

　座《すわ》っている人《ひと》が、近《ちか》くに立《た》っている人《ひと》に何《なに》かを取《と》ってきてくれとたのんだりするときにも言《い》う。**立《た》っていれば仏《ほとけ》でも使《つか》う**も同《おな》じ。

短《たん》気《き》は損《そん》気《き》の巻《まき》

あっ、お兄《にい》ちゃん
ずるい。
はい あがり
ずるなんか
してないよ。
ずるしたもん！
した。した。した！
してないって！
いいわ。
わたしの勝《か》ちよ。
負《ま》けるが勝《か》ち
だもん！
バタン
まったく！
おやつにしましょ。
お兄《にい》ちゃんは？
わ〜い
おこって、どっか
行《い》っちゃった。
短《たん》気《き》は損《そん》気《き》ね！

負《ま》けるが勝《か》ち

場合《ばあい》によっては、相手《あいて》に勝《か》たせた方《ほう》が、長《なが》い目《め》で見《み》たり大《おお》きな目《め》で損得《そんとく》を考《かんが》えたりすると、かえって良《よ》い結果《けっか》になる。議論《ぎろん》や交渉《こうしょう》などで、自分《じぶん》の考《かんが》えや要求《ようきゅう》を引《ひ》っ込《こ》めて、相手《あいて》の言《い》うことを受《う》け入《い》れておくようなときに使《つか》う。負《ま》け惜《お》しみで言《い》う場合《ばあい》もある。

損《そん》して得《とく》とれも、似《に》たような意味《いみ》で使《つか》う。そのときは損《そん》をしても、後《あと》でより大《おお》きな利益《りえき》を得《え》るように考《かんが》えるのが良《よ》いという教《おし》えだ。

短気《たんき》は損気《そんき》

短気《たんき》は、気《き》が短《みじか》いこと。感情的《かんじょうてき》になって理性《りせい》を失《うしな》うと、きちんとした判断《はんだん》ができない。その結果《けっか》、失敗《しっぱい》をしたり損《そん》をしたりする。そうならないように気《き》をつけなさい。短気《たんき》を起《お》こさず、慎重《しんちょう》に考《かんが》えて発言《はつげん》したり行動《こうどう》したりしなさいという教《おし》え。

似《に》ていることわざに、**怒《いか》りは敵《てき》と思《おも》え**がある。腹《はら》を立《た》てて感情的《かんじょうてき》になると、冷静《れいせい》な判断《はんだん》ができず失敗《しっぱい》することもあるし、人《ひと》から反感《はんかん》を持《も》たれることもある。怒《いか》りというのは、最後《さいご》に自分《じぶん》の身《み》を滅《ほろ》ぼす敵《てき》のようなものだという意味《いみ》で、むやみに腹《はら》を立《た》ててはいけないという教《おし》え。徳川家康《とくがわいえやす》が残《のこ》したことばだと言《い》われている。

相撲《すもう》に勝《か》って勝負《しょうぶ》に負《ま》けるの巻《まき》

1
おまえの負《ま》けだな！
うううん。
2
お父《とう》さん、待《ま》ったを5回《かい》もするんだもん。
ずるいわね。
3
勝《か》てば官軍《かんぐん》 負《ま》ければ賊軍《ぞくぐん》さ。 お茶《ちゃ》がうまい！
4
まあいいや。こっちにはケーキもあるもんね。
相撲《すもう》に勝《か》って勝負《しょうぶ》に負《ま》けたってことよ。

勝《か》てば官軍《かんぐん》 負《ま》ければ賊軍《ぞくぐん》

官軍《かんぐん》は天皇《てんのう》や政府《せいふ》の軍隊《ぐんたい》のことで、本来《ほんらい》は国《くに》のために戦《たたか》う正義《せいぎ》の軍隊《ぐんたい》。賊軍《ぞくぐん》は国家《こっか》に反逆《はんぎゃく》する軍隊《ぐんたい》のことだ。戦《たたか》いに勝《か》った方《ほう》が官軍《かんぐん》になり、負《ま》けた方《ほう》が賊軍《ぞくぐん》になるという意味《いみ》で、本当《ほんとう》の正義《せいぎ》とは関係《かんけい》なく、力《ちから》の強《つよ》いものが正《ただ》しいとされることの例《たと》えとして使《つか》う。**勝《か》てば官軍《かんぐん》**だけでも同《おな》じ意味《いみ》。

勝《か》ち負《ま》けに関係《かんけい》したことわざに、**勝《か》つも負《ま》けるも時《とき》の運《うん》**というのもある。勝《か》ったり負《ま》けたりは実力《じつりょく》だけではなく、そのときの運《うん》による場合《ばあい》もよくあるという意《い》味《み》で、試合《しあい》などで負《ま》けた人《ひと》をなぐさめるのに使《つか》うことが多《おお》い。

勝《か》ち負《ま》けとは少《すこ》しちがうが、**金持《かねも》ちけんかせず**ということわざがある。けんかをすれば勝《か》っても負《ま》けても得《とく》をすることはない。かえって損《そん》をする場合《ばあい》の方《ほう》が多《おお》い。だから、金持《かねも》ちはけんかをしないという意味《いみ》だ。有利《ゆうり》な立場《たちば》、気持《きも》ちに余裕《よゆう》がある人《ひと》は、小《ちい》さいことにこだわらずむだな争《あらそ》いなどをしないという意味《いみ》で使《つか》う場合《ばあい》もある。

相撲《すもう》に勝《か》って 勝負《しょうぶ》に負《ま》ける

相撲《すもう》で技《わざ》や内容《ないよう》では相手《あいて》より勝《か》っていたのに、何《なに》かのはずみで勝《か》ち負《ま》けでは負《ま》けてしまうという意味《いみ》。何《なに》かをやっているときに、途《と》中《ちゅう》まではうまくいっていながら、結果《けっか》としてはうまくいかず、失敗《しっぱい》してしまうことの例《たと》えとして使《つか》う。

百日《ひゃくにち》の説法屁《せっぽうへ》一《ひと》つの巻《まき》

あらあら、またマンガ？
お姉《ねえ》ちゃんを見習《みなら》って、
しっかり勉強《べんきょう》してよ！
くくく
まったく、のれんに腕押《うでお》し、糠《ぬか》に釘《くぎ》なんだから。
わかってるって。
まあまあ。
ただいま。
テスト、いい点《てん》が取《と》れたんでしょ？昨日《きのう》はしっかり勉強《べんきょう》したものね。
それが、名前《なまえ》を書《か》き忘《わす》れちゃって、0点《てん》なの！
こっちは百日《ひゃくにち》の説法屁《せっぽうへ》一《ひと》つ、か！
1
2
3
4

のれんに腕押《うでお》し

のれんは、お店《みせ》の名前《なまえ》などを書《か》いて店先《みせさき》にかける布《ぬの》。そののれんを相手《あいて》に力《ちから》いっぱい腕《うで》で押《お》すという意《い》味《み》で、相手《あいて》からの手《て》ごたえがまったくないことの例《たと》え。こちらからいくら積極《せっきょく》的《てき》な態度《たいど》に出《で》ても、相手《あいて》からは少《すこ》しも反応《はんのう》がないこと。張《は》り合《あ》いのないことなどを言《い》う。

糠《ぬか》に釘《くぎ》

糠《ぬか》は、漬物《つけもの》の糠漬《ぬかづ》けなどに利用《りよう》する。玄米《げんまい》を白米《はくまい》にするときにできる粉《こな》のこと。そのふわふわした粉《こな》に釘《くぎ》を打《う》っても、まったく効果《こうか》がなく何《なん》の手《て》ごたえもないことの例《たと》え。

豆腐《とうふ》にかすがいも同《おな》じ意味《いみ》。かすがいは、材木《ざいもく》と材《ざい》木《もく》をつなぐための、カタカナのコのような形《かたち》をした釘《くぎ》の一種《いっしゅ》。柔《やわ》らかい豆腐《とうふ》にかすがいを打《う》ち込《こ》んでも、手《て》ごたえも効《き》き目《め》もないという意味《いみ》だ。

百日《ひゃくにち》の説法《せっぽう》屁《へ》一《ひと》つ

長《なが》い間《あいだ》の苦労《くろう》や努力《どりょく》も、ほんの少《すこ》しの失敗《しっぱい》で何《なに》もかもむだになってしまうことの例《たと》え。説法《せっぽう》は、仏教《ぶっきょう》の教《おし》えを話《はな》して聞《き》かせること。百日《ひゃくにち》もかけて一生懸命《いっしょうけんめい》に説《せっ》法《ぽう》をしたお坊《ぼう》さんが、最後《さいご》についうっかりとおならをしたので、せっかくのありがたみもどこかへ消《け》し飛《と》んでしまったという意味《いみ》。

明日《あした》は明日《あした》の風《かぜ》が吹《ふ》くの巻《まき》

あっ、大吉《だいきち》！
今年《ことし》は運《うん》がよさそう。
お父《とう》さんは小吉《しょうきち》だ。
まあ、いいだろう。
大吉
小吉
1
こんなものあてにはならないさ。当《あ》たるも八卦《はっけ》、当《あ》たらぬも八卦《はっけ》だからな。
はは…
ムッ
スタスタ
2
おじいちゃんの意地悪《いじわる》！
そう言《い》う、おじいちゃんは何《なん》だったの？
あっこれっ！
タタタ
3
あっ、大凶《だいきょう》だって！
明日《あした》は明日《あした》の風《かぜ》が吹《ふ》くさ。
ヒュ〜
大凶
4

当《あ》たるも八卦《はっけ》 当《あ》たらぬも八卦《はっけ》

八卦《はっけ》は占《うらな》いのこと。明日《あした》の自分《じぶん》がどうなるか、願《ねが》い事《ごと》がかなうかなど、占《うらな》ってもらう人《ひと》も多《おお》い。しかし、占《うらな》いは当《あ》たる場合《ばあい》もあるし、まったく当《あ》たらない場合《ばあい》もある。占《うらな》いとはもともとそんなものだから、占《うらな》いの結果《けっか》など気《き》にすることはないという意味《いみ》で使《つか》う。

明日《あした》は明日《あした》の風《かぜ》が吹《ふ》く

明日《あした》は、今日《きょう》とはまた風《かぜ》向《む》きが変《か》わるだろう。明日《あした》のことは明日《あした》にならなければわからないし、なるようにしかならないものだ。だから、先《さき》のことをいろいろと心配《しんぱい》していても仕方《しかた》がないという教《おし》え。

将来《しょうらい》、成功《せいこう》するか失敗《しっぱい》するかも、人《ひと》の力《ちから》だけではどうしようもないもので、運命《うんめい》にまかせるほかはないという意味《いみ》で使《つか》う。

似《に》たような言《い》いまわしのことわざに、**昨日《きのう》は人《ひと》の身《み》今日《きょう》は我《わ》が身《み》**がある。昨日《きのう》は他人《たにん》に降《ふ》りかかった災《わざわ》いや不幸《ふこう》が、今日《きょう》になって自分《じぶん》の身《み》に降《ふ》りかかってくるかもしれないという意味《いみ》。自分《じぶん》のことではないと思《おも》っていると、いつの間《ま》にか自分《じぶん》も同《おな》じような目《め》に遭《あ》うこともある。運命《うんめい》はだれにもわからないのだから、他人《たにん》の不幸《ふこう》や災難《さいなん》を見《み》て、自分《じぶん》も気《き》を付《つ》けようと思《おも》わなければいけないという教《おし》え。

明日《あす》の百《ひゃく》より今日《きょう》の五十《ごじゅう》の巻《まき》

千円《せんえん》くらい貸《か》してくれてもいいじゃないか。お父《とう》さん、ケチ！
だから、明日《あした》まで待《ま》てって言《い》ってるだろう。
あなたが言《い》いすぎよ！言《い》いたいことは明日《あす》言《い》え、って言《い》うのよ。
だって……
じゃ、おばあちゃん貸《か》してよ。五百円《ごひゃくえん》でいいから。
あらあら、五百円《ごひゃくえん》でいいの。
お父《とう》さんの「明日《あした》」なんて、怪《あや》しいからね。明日《あす》の百《ひゃく》より今日《きょう》の五十《ごじゅう》だよ。
あっ
ピュ～
まあ！
1
2
3
4

言《い》いたいことは明日《あす》言《い》え

何《なに》か言《い》いたいことを思《おも》いついたからといって、すぐには言《い》わない方《ほう》が良《よ》い。自《じ》分《ぶん》の言《い》いたいことはまちがっていないかをよく考《かんが》えてから、言《い》った方《ほう》が良《よ》い。言《い》うタイミングや言《い》い方《かた》にも気《き》を付《つ》けた方《ほう》が良《よ》い。その場《ば》で感情的《かんじょうてき》になって言《い》ってしまったことで、後《あと》でいろいろ後悔《こうかい》することもある。そうならないように、落《お》ち着《つ》いてよく考《かんが》えてから口《くち》にしなさいという教《おし》え。

落《お》ち着《つ》いて待《ま》っていた方《ほう》が良《よ》いという意味《いみ》では、**待《ま》てば海路《かいろ》の日和《ひより》あり**ということわざもある。

今《いま》はうまくいかないことでも、あせらずにゆっくりと待《ま》っていれば、いつかはチャンスがやってくるという例《たと》え。もともとは、待《ま》っていれば船出《ふなで》をするのにちょうどいい天候《てんこう》に恵《めぐ》まれるという意味《いみ》だ。**果報《かほう》は寝《ね》て待《ま》て**も同《おな》じ。

明日《あす》の百《ひゃく》より今日《きょう》の五十《ごじゅう》

明日《あした》まで待《ま》てば百《ひゃく》の利益《りえき》を得《え》られるかもしれないが、どうなるか確実《かくじつ》ではない。それなら、半分《はんぶん》の五十《ごじゅう》の利益《りえき》でも、今日《きょう》手《て》に入《い》れた方《ほう》が良《よ》い。その方《ほう》が賢《かしこ》いという意味《いみ》。**後《のち》の百《ひゃく》より今《いま》の五十《ごじゅう》**も同《おな》じ意味《いみ》で、**後百《あとひゃく》より今五十《いまごじゅう》**と省略《しょうりゃく》して使《つか》うこともある。

鯛《たい》の尾《お》より鰯《いわし》の頭《かしら》の巻《まき》

1
大人《おとな》になったら、何《なに》になりたい？
サラリーマンかな。
サラリーマンなんてつまらないわよ！
2
お父《とう》さんだって、サラリーマンじゃないか！
寄《よ》らば大樹《たいじゅ》の陰《かげ》とも言《い》うからな。
3
これからは、**鯛《たい》の尾《お》より鰯《いわし》の頭《かしら》**よ。リーダーシップが大切《たいせつ》なんだから。
4
はい。だから、今日《きょう》のおかずは鰯《いわし》にしました。
昨日《きのう》も鰯《いわし》だったじゃないか！肉《にく》が食《く》いたいよ。
ダァ〜
ズン

寄《よ》らば大樹《たいじゅ》の陰《かげ》

雨宿《あまやど》りをしようと思《おも》ったら、小《ちい》さな木《き》より大《おお》きな木《き》の下《した》へ入《はい》った方《ほう》が良《よ》い。それと同《おな》じように、何《なに》かにたよりたいなら、力《ちから》や権力《けんりょく》のある人《ひと》や集団《しゅうだん》にたよった方《ほう》が良《よ》いという例《たと》え。雨宿《あまやど》りだけなら大《おお》きな木《き》もいいが、木《き》の下《した》は落雷《らくらい》の危険《きけん》があることも覚《おぼ》えておこう。

似《に》たようなことわざに、**長《なが》い物《もの》には巻《ま》かれろ**がある。これは、力《ちから》や権力《けんりょく》のある強《きょう》力《りょく》な相手《あいて》には反抗《はんこう》してもむだだから、逆《さか》らわずに従《したが》った方《ほう》が得《とく》だという意味《いみ》。**長《なが》い物《もの》には巻《ま》かれよ**とも言《い》う。**太《ふと》いものには呑《の》まれよ**も同《おな》じ。

鯛《たい》の尾《お》より鰯《いわし》の頭《かしら》

鯛《たい》は大《おお》きくてりっぱな魚《さかな》で、鰯《いわし》は小《ちい》さな弱《よわ》い魚《さかな》だ。鯛《たい》の群《む》れの一番後《いちばんうし》ろより、鰯《いわし》の頭《かしら》になったほうが良《よ》いということ。大《おお》きな組織《そしき》や団体《だんたい》の端《はし》に加《くわ》わっているより、たとえ小《ちい》さな組織《そしき》や団体《だんたい》でも先頭《せんとう》に立《た》ってリーダーシップをとる方《ほう》が良《よ》いという意味《いみ》の例《たと》え。

鶏口《けいこう》となるも牛後《ぎゅうご》となるなかれも同《おな》じ意味《いみ》のことわざ。鶏口《けいこう》は鶏《にわとり》の口《くち》、牛後《ぎゅうご》は牛《うし》のお尻《しり》のこと。小《ちい》さな集《しゅう》団《だん》でもそのトップに立《た》つことは素晴《すば》らしいことだ。だから、大《おお》きな集団《しゅうだん》の後《うし》ろにくっついて行動《こうどう》するようなことはやめなさいという教《おし》え。

鹿《しか》を逐《お》う者《もの》は山《やま》を見《み》ずの巻《まき》

野菜《やさい》を食《た》べてれば、風邪《かぜ》なんか引《ひ》かないって、いつも言《い》ってたのにね。
ハクション！
面目《めんもく》ない。
医者《いしゃ》の不養生《ふようじょう》というやつね。
ね〜っ
これは一本《いっぽん》取《と》られたな。
グスッ
商売熱心《しょうばいねっしん》もいいけど、体《からだ》も大事《だいじ》ですよ。
鹿《しか》を逐《お》う者《もの》は山《やま》を見《み》ずって言《い》いますけどね。
おっ
ヘ〜ックション
また、一本取《いっぽんと》られたな。今日《きょう》は、大根一本《だいこんいっぽん》ずつサービスしちゃおう。
悪《わる》いわね！

医者《いしゃ》の不養生《ふようじょう》

医者《いしゃ》は、患者《かんじゃ》に健康《けんこう》についていろいろ言《い》ったりする。それなのに、自分自身《じぶんじしん》の健康《けんこう》には気《き》をつけていない。他人《たにん》にはりっぱなことを言《い》うくせに、自分《じぶん》は少《すこ》しも実行《じっこう》しないこと。わかっているのに実行《じっこう》しないことの例《たと》え。

似《に》たようなことわざに、**紺屋《こうや》の白袴《しらばかま》**がある。紺屋《こうや》は、染物屋《そめものや》のこと。他人《たにん》のためには布《ぬの》を染《そ》めるのに、自分《じぶん》はまったく染《そ》めていない白《しろ》い袴《はかま》をはいている。専門的《せんもんてき》な知識《ちしき》や技《わざ》を持《も》っているのに、人《ひと》のためばかりに忙《いそが》しく、自分《じぶん》のために役立《やくだ》てるひまがないことの例《たと》え。紺屋《こうや》は紺屋《こんや》とも読《よ》む。

染物屋《そめものや》のことわざには、**紺屋《こうや》の明後日《あさって》**もある。染物屋《そめものや》は、明後日《あさって》には染《そ》めておきましょうと約束《やくそく》しても、天気《てんき》が悪《わる》いと染《そ》めた布《ぬの》が乾《かわ》かないので、どうしても約束《やくそく》より遅《おく》れてしまうことが多《おお》い。そのことから、約束《やくそく》の期日《きじつ》があてにならないことの例《たと》えとして使《つか》われる。

鹿《しか》を逐《お》う者《もの》は山《やま》を見《み》ず

鹿《しか》をつかまえようと夢中《むちゅう》で追《お》いかけていくと、鹿《しか》ばかりに気《き》を取《と》られて、あたりの山《やま》のようすが目《め》に入《はい》らない。そのために、道《みち》に迷《まよ》ってしまう。何《なに》かに熱中《ねっちゅう》して、ほかを注意《ちゅうい》する余裕《よゆう》がなくなることの例《たと》え。また、目《め》の前《まえ》の利益《りえき》に目《め》がくらみ、何《なに》が正《ただ》しいのか正《ただ》しくないのかなど、わけがわからなくなることの例《たと》えとしても使《つか》われる。**鹿《しか》を逐《お》う猟師《りょうし》は山《やま》を見《み》ず**とも言《い》う。

悪事千里《あくじせんり》を行《い》くの巻《まき》

正直者《しょうじきもの》が馬鹿《ばか》を見《み》るような世《よ》の中《なか》は、何《なん》とかしなくっちゃ。
まじめにはたらいてもくらしが……
よし、ぼくは政治家《せいじか》になるぞ。
……
スクッ
ただいま！
お帰《かえ》りなさい。
あなた学校《がっこう》の窓《まど》ガラスに、落書《らくが》きしたんですって！
ど、どうして知《し》ってるの？
メラメラ
八百屋《やおや》のおじさんが言《い》っていました！
おっ、悪事千里《あくじせんり》を行《い》くだな。
グリグリ
グッグッ
まいったなー。

正直者《しょうじきもの》が馬鹿《ばか》を見《み》る

世《よ》の中《なか》では、ずるがしこい人《ひと》がうまく立《た》ちまわって得《とく》をし、約束《やくそく》や規則《きそく》をきちんと守《まも》る誠実《せいじつ》で正直《しょうじき》な人《ひと》が損《そん》をする。だから、ずるがしこくしなさいということではなく、そんな世《よ》の中《なか》はまちがっているという意味《いみ》で使《つか》われることが多《おお》い。

しかし、正直《しょうじき》なだけではうまく生《い》きていけないという意味《いみ》もある。**正直者《しょうじきもの》が損《そん》をする**も同《おな》じ。

正直《しょうじき》をテーマにしたことわざは、ほかにもある。**正直《しょうじき》は一生《いっしょう》の宝《たから》**は、正直《しょうじき》に生《い》きていれば人《ひと》から信用《しんよう》はされ、結局《けっきょく》は幸《しあわ》せになることができるという教《おし》え。だから、正直《しょうじき》は、人《ひと》が守《まも》るべき宝《たから》のようなものだという意《い》味《み》だ。**正直《しょうじき》は最善《さいぜん》の策《さく》**は、どんな悪賢《わるがしこ》い計画《けいかく》や方法《ほうほう》よりも正直《しょうじき》であることが、一番《いちばん》良《よ》い方法《ほうほう》だという教《おし》え。

悪事千里《あくじせんり》を行《い》く

悪《わる》いことをすると、いくらかくしてもすぐに世《よ》の中《なか》に知《し》られてしまうものだ。だから、そんなことをしないようにといういましめ。**悪事千里《あくじせんり》を走《はし》る**とも言《い》う。悪《あく》に関係《かんけい》のあることわざに、ほかに**悪銭身《あくせんみ》に付《つ》かず**がある。悪《わる》いことをして手《て》に入《い》れたお金《かね》は、結局《けっきょく》はむだ使《づか》いをしてすぐになくなってしまうという意味《いみ》。犯罪《はんざい》ではないがギャンブルで得《え》たお金《かね》などにも言《い》う。

馬子《まご》にも衣装《いしょう》の巻《まき》

よく似合《にあ》うよ。
おじさんの結婚式《けっこんしき》ですから、いい子《こ》にしているのよ。
衣食足《いしょくた》りて礼節《れいせつ》を知《し》る。そのかっこうじゃ、暴《あば》れたりしないだろ。
ははは
まあね!
ぼくは何《なに》を着《き》ていくの?
あっ、忘《わす》れてた!
男《おとこ》の子《こ》は何《なん》でもいいさ。
うそよ。これ着《き》なさい。
おっ、馬子《まご》にも衣装《いしょう》か。
えへへっ
いいじゃん

衣食足《いしょくた》りて礼節《れいせつ》を知《し》る

毎日《まいにち》あくせくしていては、礼儀《れいぎ》や道徳《どうとく》など気《き》にする余裕《よゆう》などない。着《き》るものや食《た》べるものに不自由《ふじゆう》しない生活《せいかつ》ができてこそ、人間《にんげん》は礼儀《れいぎ》や道徳《どうとく》に気《き》を付《つ》けることができるものだ。

中国《ちゅうごく》の古《ふる》い書物《しょもつ》の中《なか》に書《か》かれていることばがもとになっている。本来《ほんらい》は、**衣食《いしょく》足《た》りて栄辱《えいじょく》を知《し》る**。生活《せいかつ》に困《こま》らなくなれば、人《ひと》は自然《しぜん》と名誉《めいよ》やプライドを身《み》に付《つ》け、恥《は》ずかしくないように行動《こうどう》するという意味《いみ》。

反対《はんたい》の意味《いみ》のことわざは、**貧《ひん》すれば鈍《どん》する**。貧乏《びんぼう》で生《せい》活《かつ》が苦《くる》しいと、心《こころ》や頭《あたま》の働《はたら》きが鈍《にぶ》くなり、性格《せいかく》までいやしくなるという意味《いみ》。

しかし、またその反対《はんたい》の意味《いみ》で、**ぼろは着《き》ても心《こころ》は錦《にしき》**ということわざもある。こちらは、いくら粗末《そまつ》なものを着《き》ていても、心《こころ》の中《なか》はりっぱなものを着《き》ているかのように気高《けだか》い。そのようにしなさいという教《おし》え。

馬子《まご》にも衣装《いしょう》

どんな人《ひと》でもきれいな服《ふく》装《そう》をすれば、見《み》ばえがしてりっぱに見《み》える。たいしたことのない人《ひと》でも、見《み》ばえがするように飾《かざ》り立《た》てれば、りっぱな人《ひと》に見《み》えるという例《たと》え。

馬子《まご》は鉄道《てつどう》もトラックもないころ、馬《うま》で荷物《にもつ》を運《はこ》んでいた人《ひと》のこと。仕事《しごと》がら身《み》なりやことばも雑《ざつ》だったので、品《ひん》の悪《わる》い人《ひと》とされていた。きれいな服《ふく》を着《き》た人《ひと》に、からかって使《つか》うことが多《おお》い。

山椒《さんしょう》は小粒《こつぶ》でもぴりりと辛《から》いの巻《まき》

1
ああっ、やっぱり傘《かさ》を持《も》ってくれれば良《よ》かった。
今《いま》さら遅《おそ》い！そういうのを、**下種《げす》の後知恵《あとぢえ》**と言《い》うんだ。
2
あそこで雨宿《あまやど》りをしていこう。
そうしましょう。
3
お弁当《べんとう》、食《た》べよう。
さっき食《た》べたじゃないか！
えっ、二《ふた》つも持《も》ってきたの？
4
小《ちい》さいくせによく気《き》が回《まわ》るもんだ。
へへへっ、**山椒《さんしょう》は小粒《こつぶ》でもぴりりと辛《から》い**、さ。

下種《げす》の後知恵《あとぢえ》

下種《げす》は、身分《みぶん》や素性《そじょう》がいやしい人《ひと》や愚《おろ》かで根性《こんじょう》がいやしい人《ひと》のこと。

下衆《げす》の後知恵《あとぢえ》とも書《か》く。ここでは愚《おろ》かな人《ひと》という意《い》味《み》で、そういう人《ひと》は必要《ひつよう》なときには何《なに》も考《かんが》えが浮《う》かばず、そのことが終《お》わってしまってから考《かんが》えつくので、役《やく》には立《た》たないという意味《いみ》だ。**下種《げす》の知恵《ちえ》は後《あと》から**や**下衆《げす》の知恵《ちえ》は後《あと》から**とも言《い》う。

山椒《さんしょう》は小粒《こつぶ》でもぴりりと辛《から》い

山椒《さんしょう》の実《み》は、若《わか》いものは佃煮《つくだに》などにする。固《かた》く熟《じゅく》したものは皮《かわ》をすりつぶして、うなぎのかば焼《や》きなどにかけて味《あじ》わう。粒《つぶ》は小《ちい》さいのに辛《から》い。体《からだ》は小《ちい》さくても優《すぐ》れた才能《さいのう》を持《も》っていたり、てきぱきと行動《こうどう》したりする人《ひと》のこと。体《からだ》は小《ちい》さくてもあなどれないことの例《たと》え。**山椒《さんしょう》は小粒《こつぶ》でぴりりと辛《から》い**とも言《い》う。

小《ちい》さいものがなかなかあなどれないという意味《いみ》では、**窮鼠《きゅうそ》猫《ねこ》をかむ**がある。小《ちい》さなねずみさえ追《お》い詰《つ》められると、必死《ひっし》になって体《からだ》の大《おお》きな猫《ねこ》にかみつくことがある。

人間《にんげん》の世界《せかい》でも、どうしようもなくなった弱《よわ》いものが、覚悟《かくご》を決《き》めて強《つよ》いものに立《た》ち向《む》かうことがある。逃《に》げ場《ば》のなくなった弱《よわ》いものが、強《つよ》い相手《あいて》に反撃《はんげき》し苦《くる》しめることの例《たと》え。窮鼠《きゅうそ》は、追《お》い詰《つ》められて逃《に》げられなくなったねずみのこと。

畳《たたみ》の上《うえ》の水練《すいれん》の巻《まき》

バ――ン
ぼく、柔道《じゅうどう》でオリンピックに出《で》るんだ！ 道場《どうじょう》に通《かよ》っていい？
そりゃあ、いいけど……
やめとけ、やめとけ。**生兵法《なまびょうほう》は怪我《けが》のもと**だぞ。
フフフ
もう、入門書《にゅうもんしょ》を買《か》ったんだ。ええと、一本背負《いっぽんぜお》いは……なるほど。
畳《たたみ》の上《うえ》の水練《すいれん》だなあ。やっぱりむりだ。
へえ～パリポリ
ほ～、
パリポリ
ポテチ
せんべい
むりね。

生兵法《なまびょうほう》は怪我《けが》のもと

剣道《けんどう》や柔道《じゅうどう》などの武術《ぶじゅつ》を中途半端《ちゅうとはんぱ》に覚《おぼ》えると、自分《じぶん》の腕《うで》にうぬぼれて自信過剰《じしんかじょう》になってしまうことがある。それで、ついついけんかなどをして、けがをする原因《げんいん》にもなる。未熟《みじゅく》な技《わざ》や知識《ちしき》しかないくせに、軽々《かるがる》しくいい加減《かげん》な気持《きも》ちで何《なに》かをやろうとすると、大《おお》まちがいや大失敗《だいしっぱい》するという意味《いみ》の例《たと》え。**生兵法《なまびょうほう》は大怪我《おおけが》のもと**とも言《い》う。

畳《たたみ》の上《うえ》の水練《すいれん》

水練《すいれん》は、水泳《すいえい》の練習《れんしゅう》のこと。畳《たたみ》の上《うえ》で腹這《はらば》いになって水泳《すいえい》の練習《れんしゅう》をしても、泳《およ》げるようになったり泳《およ》ぎがうまくなったりするわけはない。理論《りろん》や方法《ほうほう》はわかっていても、経験《けいけん》がないので実際《じっさい》には何《なん》の役《やく》にも立《た》たないことの例《たと》え。**畳水練《たたみすいれん》**と短《みじか》く言《い》うこともある。

似《に》たようなことわざに、**机上《きじょう》の空論《くうろん》**がある。空論《くうろん》は、実際《じっさい》とはまったくちがっているので役《やく》に立《た》たない議論《ぎろん》や理論《りろん》。頭《あたま》の中《なか》だけで考《かんが》えて机《つくえ》の上《うえ》でまとめた意見《いけん》や計画《けいかく》は、実際《じっさい》に現場《げんば》を見《み》て確《たし》かめたりしたものではないので、何《なん》の役《やく》にも立《た》たずむだなことだということの例《たと》え。**こたつ兵法《びょうほう》**も同《おな》じ。ぬくぬくとこたつに当《あ》たりながら剣道《けんどう》などの武道《ぶどう》を習《なら》うことで、実際《じっさい》には役《やく》に立《た》たない理論《りろん》の例《たと》え。

上《うえ》見《み》ぬ鷲《わし》の巻《まき》

県大会《けんたいかい》で優勝《ゆうしょう》したんだって?
強《つよ》いのね。
いいえ、まだまだです。
上《うえ》には上《うえ》があるって言《い》いますし。
謙虚《けんきょ》でいいね。
それに比《くら》べて、わが子《こ》は……
ほら、80点《てん》。すごいだろ。
80
上見《うえみ》ぬ鷲《わし》だな。困《こま》ったやつだ。
ビシッ
ビシッ
だれに似《に》たのかしら?

上《うえ》には上《うえ》がある

　これが最高《さいこう》だと思《おも》っても、世《よ》の中《なか》にはそれよりもさらに優《すぐ》れているものがいくらでもある。勉強《べんきょう》や研究《けんきゅう》には終《お》わりがないし、技《わざ》や技術《ぎじゅつ》を磨《みが》くのもこれでよしということはない。

　これで十分《じゅうぶん》だと思《おも》ったり、自分《じぶん》より優秀《ゆうしゅう》な人《ひと》はいないなどとうぬぼれてはいけないという教《おし》え。

上《うえ》見《み》ぬ鷲《わし》

　鷲《わし》は大《おお》きくて強力《きょうりょく》な肉食《にくしょく》の鳥《とり》で、鷲《わし》を襲《おそ》うような鳥《とり》はいない。だから、鷲《わし》は地《ち》上《じょう》の獲物《えもの》をつかまえたときも、上《うえ》からほかの鳥《とり》に襲《おそ》われるのではないかと心配《しんぱい》して見上《みあ》げたりしない。それと同《おな》じようにだれにたいしても遠慮《えんりょ》したり恐《おそ》れたりしないで、勝手《かって》な態度《たいど》やいばった態度《たいど》を取《と》ることを言《い》う。また、そういう態度《たいど》の人《ひと》の例《たと》え。

上《うえ》見《み》ぬ鷹《たか》も同《おな》じ意味《いみ》で、鷲《わし》を同《おな》じように強力《きょうりょく》な鷹《たか》に置《お》き換《かえ》えたもの。鷹《たか》にはほかに、**鷹《たか》は飢《う》えても穂《ほ》をつまず**ということわざがある。鷹《たか》はどんなに空腹《くうふく》でも、農家《のうか》の人《ひと》が一生懸命《いっしょうけんめい》に作《つく》った稲《いね》の穂《ほ》をついばんで食《た》べたりしない。

　きちんとした道徳《どうとく》があり正義感《せいぎかん》のある人《ひと》は、どんなに困《こま》っていても立場《たちば》や地位《ちい》を利用《りよう》したりして、不正《ふせい》なお金《かね》や物《もの》は受《う》け取《と》ることはしないという意味《いみ》の例《たと》え。

七転《ななころ》び八《や》起《お》きの巻《まき》

グッドモーニング。
いつまでもお若《わか》いですね。
山田
英会話《えいかいわ》を始《はじ》めましてね。**転石苔《てんせきこけ》を生《しょう》ぜず**ですかね。
ではグッバイ!
なるほど!
わたしもがんばらなくっちゃ!
おや、ダイエット体操《たいそう》また始《はじ》めたのか?
ファ〜〜
また始《はじ》めたっていいじゃない! 人生《じんせい》は**七転《ななころ》び八《や》起《お》き**です。
グラ
グラ
転《ころ》んでけがをしないといいけどね。
シャカ
シャカ

転石苔《てんせきこけ》を生《しょう》ぜず

あちらこちらと転《ころ》がって動《うご》いている石《いし》には、苔《こけ》が生《は》えることはないということで、意味《いみ》は二《ふた》つある。活発《かっぱつ》に活動《かつどう》を続《つづ》けている人《ひと》は、時代《じだい》おくれにならない。いつまでも新鮮《しんせん》なままでいるということの例《たと》え。もう一《ひと》つは、職業《しょくぎょう》や住居《じゅうきょ》を何度《なんど》も変《か》える人《ひと》は、どんなことにも成功《せいこう》できず、財産《ざいさん》も貯《た》まらないことの例《たと》え。**転《ころ》がる石《いし》には苔《こけ》むさず**も同《おな》じ。

七転《ななころ》び八起《やお》き

七回転《ななかいころ》んでも八回起《はちかいお》き上《あ》がるという意味《いみ》。何度《なんど》も失敗《しっぱい》しても、くじけずに頑張《がんば》ること。失敗《しっぱい》にめげずに頑張《がんば》れという教《おし》えとして使《つか》う。

また、人生《じんせい》には失敗《しっぱい》もあれば成功《せいこう》もある。うまくいくときもあればいかないときもあるという意味《いみ》の例《たと》えとしても使《つか》われる。

転《ころ》ぶことに関係《かんけい》したことわざに、**寝《ね》ていて転《ころ》んだためしなし**というのもある。じっと横《よこ》になっていて、それでも転《ころ》んだという例《れい》はない。何《なに》もしなければ、何《なに》も失敗《しっぱい》しないということの例《たと》え。だから、余計《よけい》なことはしない方《ほう》が良《よ》いという意味《いみ》でも使《つか》われる。消極的《しょうきょくてき》とも言《い》えることわざだ。

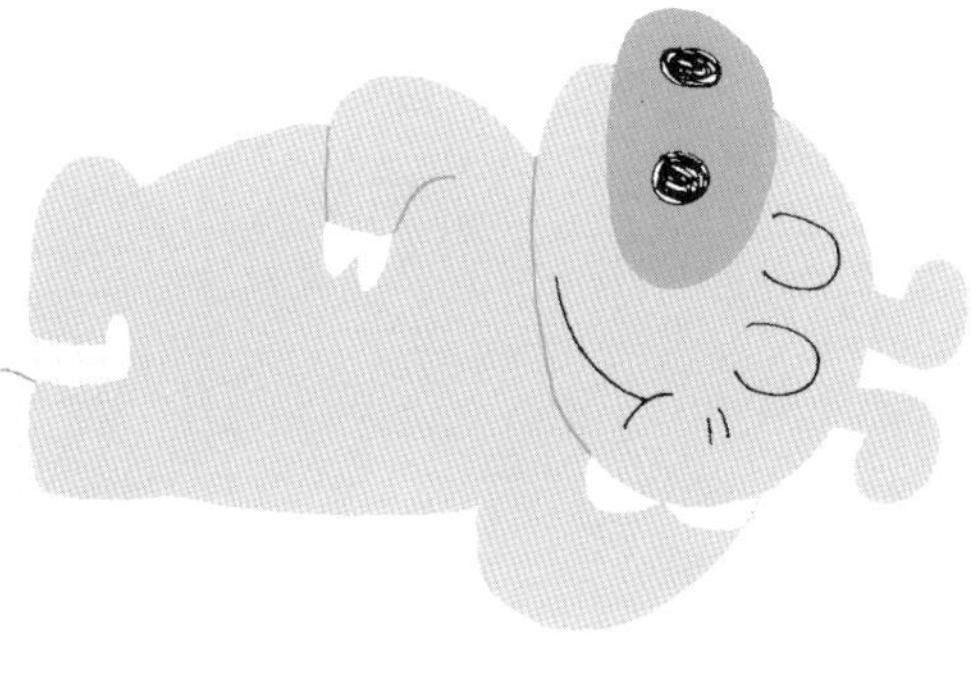

瓢箪《ひょうたん》から駒《こま》が出《で》るの巻《まき》

おめでとうございまーす！
二泊三日《にはくみっか》の温泉旅行《おんせんりょこう》です。
チリン チリン
やったね！
昨日《きのう》、話《はな》していた通《とお》りになったわ。
見せて 見せて
まったく瓢箪《ひょうたん》から駒《こま》が出《で》るだな。
とく とく
あれ、この日《ひ》は、おじさんが遊《あそ》びにくるんじゃなかった？
12月
12
12月12日 出発
久《ひさ》しぶりの温泉《おんせん》だしなあ。
しかたがない。電話《でんわ》で断《ことわ》ろう。
おじさん ごめんね
そうね、おじさんには悪《わる》いけど、背《せ》に腹《はら》は代《か》えられぬですよね。
プルルル
とく とく

瓢箪《ひょうたん》から駒《こま》が出《で》る

瓢箪《ひょうたん》の実《み》は中《なか》の果肉《かにく》を取《と》り出《だ》して乾《かわ》かし、酒《さけ》などを入《い》れる容器《ようき》にする。その瓢《ひょう》箪《たん》から駒《こま》が出《で》る。駒《こま》は馬《うま》のこと。そんな思《おも》いもよらないこと、あり得《え》ないことが起《お》こること。冗談《じょうだん》で言《い》ったことが本当《ほんとう》になることの例《たと》え。**瓢箪《ひょうたん》から駒《こま》**と、省略《しょうりゃく》して言《い》うこともある。

偶然《ぐうぜん》が何《なに》かを生《う》み出《だ》すという意味《いみ》ではないが、**必要《ひつよう》は発明《はつめい》の母《はは》**ということわざもある。こちらは、不便《ふべん》だったり不自由《ふじゆう》だったりすると、そこから便利《べんり》な発明《はつめい》が生《う》まれてくるということ。今《いま》までにはない何《なに》かを必要《ひつよう》だと思《おも》うことが、新《あたら》しい方法《ほうほう》や道具《どうぐ》などの発明《はつめい》につながるという意味《いみ》だ。

背《せ》に腹《はら》は代《か》えられぬ

背《せ》に腹《はら》は代《か》えられないとも言《い》う。腹《はら》の中《なか》にはいろいろな内臓《ないぞう》があり、大切《たいせつ》なところだ。それに比《くら》べれば、背中《せなか》はたいしたことがない。腹《はら》を守《まも》るためなら、背《せ》中《なか》を犠牲《ぎせい》にするのもしかたがないという意味《いみ》。重要《じゅうよう》なことが迫《せま》っているときには、ほかのことにはかまっていられない。大事《だいじ》なことのためには、何《なに》かが犠牲《ぎせい》になってもしかたがないという例《たと》え。

泥棒《どろぼう》を見《み》て縄《なわ》をなうの巻《まき》

防災《ぼうさい》バッグを買《か》ってきたぞ。**天災《てんさい》は忘《わす》れたころにやってくる**、って言《い》うからな。
静《しず》かにしてください。あの子《こ》が勉強《べんきょう》してますから。
まあまあ
明日《あした》、テストがあるんだよ。
泥棒《どろぼう》を見《み》て縄《なわ》をなうような勉強《べんきょう》じゃ、うまくいくはずがないぞ。
うるさいな。それより、おなかがすいちゃったよ。
なっ…
防災《ぼうさい》バッグの中《なか》に、何《なに》かないかしら。
ズリズリ
水
ねぇ…
あったあった。
ジャーン
水だけで食べられる釜飯
子《こ》が子《こ》なら、母親《ははおや》も母親《ははおや》だ!
やりぃ

天災《てんさい》は忘《わす》れたころにやってくる

台風《たいふう》や洪水《こうずい》、地震《じしん》などの自然災害《しぜんさいがい》で経験《けいけん》した恐《おそ》ろしさも、月日《つきひ》が経《た》つと忘《わす》れてしまう。しかし、災害《さいがい》というのは、そのころになると再《ふたた》び起《お》こる。たびたび起《お》こるものではないが、いつも油断《ゆだん》をせず用心《ようじん》をして、災《さい》害《がい》に備《そな》えておくことが大切《たいせつ》だという教《おし》え。

泥棒《どろぼう》を見《み》て縄《なわ》をなう

泥棒《どろぼう》を見《み》てから、縛《しば》り上《あ》げる縄《なわ》を作《つく》るという意味《いみ》。何《なに》かが起《お》こってから準備《じゅんび》を始《はじ》めても、間《ま》に合《あ》わず役《やく》には立《た》たないということの例《たと》え。また、用意《ようい》や準備《じゅんび》をしないで、行《い》きあたりばったりで行動《こうどう》することの例《たと》え。**泥縄《どろなわ》**と短《みじか》く言《い》うこともある。ふだんから備《そな》えておくことが大切《たいせつ》だ。

備《そな》えておくことの大切《たいせつ》さは、**夏歌《なつうた》うものは冬泣《ふゆな》く**も同《おな》じ。イソップ童話《どうわ》に、夏《なつ》の間《あいだ》に働《はたら》かず歌《うた》い遊《あそ》んでいたきりぎりすが、冬《ふゆ》になって寒《さむ》さと空腹《くうふく》に弱《よわ》りはてるという話《はなし》がある。働《はたら》けるときに働《はたら》かないものは、やがて困《こま》ることになるという教《おし》え。イソップ童話《どうわ》では、そんなきりぎりすとともに、夏《なつ》の間《あいだ》に冬《ふゆ》の備《そな》えをし、冬《ふゆ》が来《き》ても巣《す》の中《なか》でたくわえておいた食《た》べ物《もの》を食《た》べ、暖《あたた》かく過《す》ごす蟻《あり》が登場《とうじょう》する。

夫婦《ふうふ》げんかは犬《いぬ》も食《く》わないの巻《まき》

明日《あした》、テストでしょ！そんなに遊《あそ》んでいていいの？
わかってるって！
算数
ドリル
1
河豚《ふぐ》は食《く》いたし命《いのち》は惜《お》ししだなあ。0点《てん》は取《と》りたくないしな……。
ぶつぶつ言《い》わず、勉強《べんきょう》しろ！
ゴツン
2
そういう体罰《たいばつ》が、子《こ》どもの心《こころ》を傷《きず》つけるんだよ！
体罰《たいばつ》はいけないわ！
ドリル
3
体罰《たいばつ》じゃない！しつけだ！
ダメッたらダメよ！
うるさいな、勉強《べんきょう》できないよ。夫婦《ふうふ》げんかは犬《いぬ》も食《く》わないよ。
4

河豚《ふぐ》は食《く》いたし命《いのち》は惜《お》しし

河豚《ふぐ》には毒《どく》があり、調理《ちょうり》の方法《ほうほう》が悪《わる》いと死《し》んでしまうことさえある。おいしい河豚《ふぐ》の料理《りょうり》は食《た》べたいが、死《し》にたくはない。楽《たの》しみや利益《りえき》はほしいが、後《あと》で危険《きけん》な目《め》に遭《あ》いたくはないので、手《て》を出《だ》そうかどうか迷《まよ》っている。失敗《しっぱい》したときの結果《けっか》が恐《おそ》ろしくて実行《じっこう》できないことの例《たと》え。

毒《どく》に関係《かんけい》したことわざに、**毒《どく》を食《く》らわば皿《さら》まで**がある。**毒《どく》を食《く》らわば皿《さら》までねぶれ**、**毒《どく》食《く》わば皿《さら》まで**とも言《い》う。毒《どく》を食《た》べたのなら、それがのっていた皿《さら》までなめろという意味《いみ》。一度《いちど》悪《わる》いことに手《て》を出《だ》したのだから、それを最後《さいご》までやれという意味《いみ》で使《つか》われることが多《おお》い。

しかし、**ちょっとなめたが身《み》の詰《つ》まり**ということわざもある。あまりやらない方《ほう》が良《よ》いとはわかっていながら、ちょっとくらいと思《おも》ってやったことが、何度《なんど》もやっているうちに慣《な》れっこになり、どうしようもない困《こま》った状態《じょうたい》、追《お》い詰《つ》められた状態《じょうたい》になってしまうという意味《いみ》だ。

夫婦《ふうふ》げんかは犬《いぬ》も食《く》わない

夫婦《ふうふ》げんかは犬《いぬ》も食《く》わぬとも言《い》う。夫婦《ふうふ》のけんかは、犬《いぬ》でさえ気《き》にしないという意味《いみ》。夫婦《ふうふ》がけんかをしたとしても、どうせすぐに仲《なか》直《なお》りするに決《き》まっているから、他人《たにん》は口出《くちだ》しなどしない方《ほう》が良《よ》いという例《たと》え。また、間《あいだ》に入《はい》って仲直《なかなお》りさせようとするのは、馬鹿《ばか》らしいという意味《いみ》でも使《つか》う。

盗人《ぬすびと》に追《お》い銭《せん》の巻《まき》

つまみ食《ぐ》いはだめよ!
だって、おなかがすいて、勉強《べんきょう》ができないんだもの!
盗人《ぬすびと》にも三分《さんぶ》の理《り》だな。これも食《た》べていいぞ。
ありがとう。
ポテトチップス
ちょっと、遊《あそ》びにいってきます!
おい、勉強《べんきょう》するんじゃなかったのか?
ポテトチップス
まったく甘《あま》いんだから!盗人《ぬすびと》に追《お》い銭《せん》じゃないの。
……

盗人《ぬすびと》にも三分《さんぶ》の理《り》

盗人《ぬすびと》は泥棒《どろぼう》のことで、三分《さんぶ》は多少《たしょう》のこと。理《り》は理由《りゆう》や理屈《りくつ》、わけという意味《いみ》だ。泥棒《どろぼう》をする人《ひと》にも、どうして泥棒《どろぼう》をするのかという多少《たしょう》の理由《りゆう》はある。どんなことでも、理屈《りくつ》をつけようと思《おも》えばつけられるものだという例《たと》え。**泥棒《どろぼう》にも三分《さんぶ》の理《り》**とも言《い》う。

盗人《ぬすびと》に関係《かんけい》のあることわざに、**盗人《ぬすびと》の昼寝《ひるね》**というのもある。泥棒《どろぼう》が昼寝《ひるね》をするのは、夜《よる》は泥棒《どろぼう》をするので寝《ね》られないからだ。理由《りゆう》のなさそうなことにも、それなりの理由《りゆう》や考《かんが》えがあることの例《たと》えとして使《つか》う。**盗人《ぬすびと》にも三分《さんぶ》の理《り》**も**盗人《ぬすびと》の昼寝《ひるね》**も、泥棒《どろぼう》と理屈《りくつ》を結《むす》びつけたおもしろいことわざだ。

盗人《ぬすびと》に追《お》い銭《せん》

盗人《ぬすびと》は、泥棒《どろぼう》をする人《ひと》。追《お》い銭《せん》は、一度《いちど》払《はら》ったのにさらに余分《よぶん》に払《はら》うお金《かね》のこと。自分《じぶん》の家《いえ》から何《なに》かを盗《ぬす》んだ泥棒《どろぼう》に、お金《かね》まで払《はら》ってやるという意味《いみ》。損《そん》をした上《うえ》に、さらに損《そん》をすることの例《たと》え。**泥棒《どろぼう》に追《お》い銭《せん》**とも言《い》う。

盗人《ぬすびと》のことわざでは、**盗人《ぬすびと》を捕《と》らえてみればわが子《こ》なり**もよく知《し》られている。思《おも》いもよらない意外《いがい》なことに、どうすればいいか困《こま》ることの例《たと》え。また、身近《みぢか》な人《ひと》でも、実《じつ》は油断《ゆだん》ができないという意味《いみ》でも使《つか》う。

すべての道《みち》はローマに通《つう》ずの巻《まき》

世《よ》の中《なか》のためになる仕事《しごと》がしたいな。
そのためには、まず勉強《べんきょう》ね。ローマは一日《いちにち》にしてならずよ。
お母《かあ》さんは、勉強《べんきょう》ばっかり言《い》うのね。
だって、大切《たいせつ》なことなのよ。
先生《せんせい》が言《い》ってたわ。丈夫《じょうぶ》な体《からだ》を作《つく》らなくっちゃ、何《なに》もできないんですって。
ほうっ
甘《あま》い！
それも大切《たいせつ》だ。すべての道《みち》はローマに通《つう》ず、だよ。
うん
うん

ローマは一日《いちにち》にしてならず

古代《こだい》、小《ちい》さな都市国家《としこっか》にすぎなかったローマが、たった一日《いちにち》で地中海《ちちゅうかい》にまたがる大帝国《だいていこく》となったわけではない。そこには、長《なが》い努力《どりょく》の歴史《れきし》がある。どんなことでも大《おお》きなことをやろうとしたり、何《なに》かを成功《せいこう》させたり完成《かんせい》させたりするには、長《なが》い間《あいだ》の努力《どりょく》が必要《ひつよう》だという例《たと》え。もともとは、ヨーロッパのことわざ。

すべての道《みち》はローマに通《つう》ず

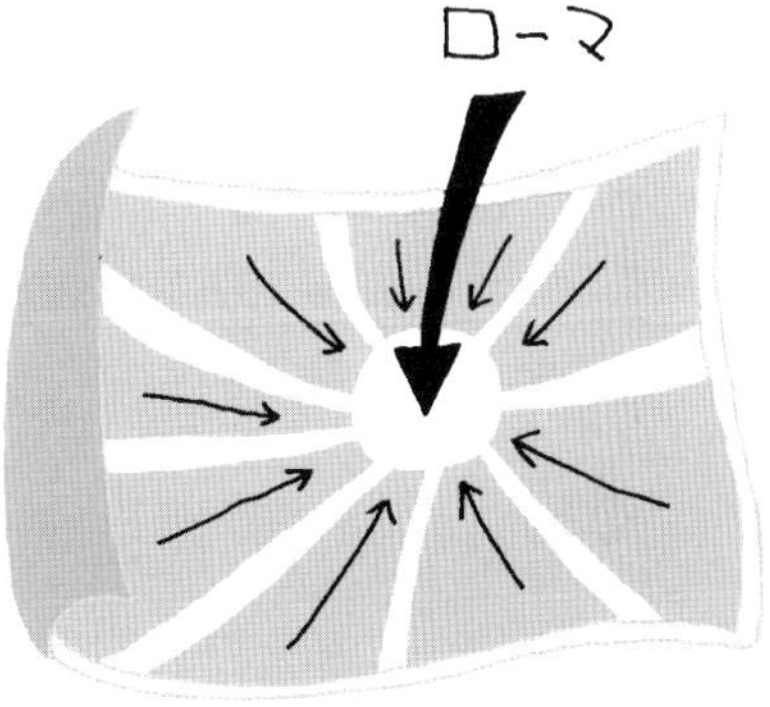

古代《こだい》ローマ帝国《ていこく》は、大変《たいへん》大《おお》きな国《くに》だった。その首都《しゅと》のローマには、世界各地《せかいかくち》から道路《どうろ》が通《つう》じていた。そのことから、ほんとうに正《ただ》しい考《かんが》え方《かた》、道理《どうり》というものは、どんなことにでもあてはまるという意味《いみ》。また、ある目的《もくてき》を達成《たっせい》するためには、いろいろな方法《ほうほう》があるということの例《たと》え。

ことわざの中《なか》に取《と》り上《あ》げられた地名《ちめい》には、**ナポリを見《み》てから死《し》ね**のナポリもある。美《うつく》しい都市《とし》、ナポリは生《い》きているうちに一回《いっかい》は見《み》ておくべきだという意味《いみ》だ。日本《にっぽん》にも、**日光《にっこう》を見《み》ずして結構《けっこう》と言《い》うな**がある。りっぱな建物《たてもの》である日光《にっこう》の東照宮《とうしょうぐう》を見《み》ないで、りっぱで大変《たいへん》に優《すぐ》れているという意味《いみ》の「結構《けっこう》」ということばは使《つか》うなという意味《いみ》だ。「日光《にっこう》」と「結構《けっこう》」がだじゃれになっている。

蓼《たで》食《く》う虫《むし》も好《す》き好《ず》きの巻《まき》

おっ、懐《なつ》かしのメロディーか！
わたし、この歌手《かしゅ》が好《す》きだったわ！
へえ、人《ひと》は見《み》かけによらぬものだな。こんな歌手《かしゅ》のどこが良《よ》かったんだ？
ふん！
蓼《たで》食《く》う虫《むし》も好《す》き好《ず》きか！
ばか、何《なに》を言《い》ってるんだ！
お父《とう》さん、妬《や》いてるの？
聞こえないって…

人《ひと》は見《み》かけによらぬもの

見《み》ただけでは、その人《ひと》の持《も》っている能力《のうりょく》や性格《せいかく》はわからない。どんな格好《かっこう》をしているか、どんな顔《かお》をしているかなど、外見《がいけん》だけでその人《ひと》の内面《ないめん》は判断《はんだん》できないという意味《いみ》だ。**馬子《まご》にも衣装《いしょう》**（33ページ参照）が、外見《がいけん》がりっぱだとりっぱな人《ひと》に見《み》えると言《い》っているのと、並《なら》べて考《かんが》えてみたいことわざだ。

ことわざの多《おお》くは、暮《く》らしのための教訓《きょうくん》やいましめをテーマにしたもの。だから、人《ひと》ということばを含《ふく》むものもたくさんある。**人《ひと》はパンのみにて生《い》くるにあらず**の意味《いみ》は、人《ひと》は食《た》べれば満足《まんぞく》するわけではないということ。物《もの》があればいいのではなく、心《こころ》の喜《よろこ》びがあってこそ生《い》きるということなのだという意味《いみ》で使《つか》われる。キリスト教《きょう》の聖書《せいしょ》の中《なか》のことばだ。

人《ひと》は一代名《いちだいな》は末代《まつだい》は、人《ひと》は死《し》ねば終《お》わりだが、その名前《なまえ》は良《よ》いことでも悪《わる》いことでも長《なが》く残《のこ》るという意味《いみ》だ。だから、りっぱな生《い》き方《かた》をしなさいという教《おし》えとして使《つか》われる。

蓼食《たでく》う虫《むし》も好《す》き好《ず》き

蓼《たで》という植物《しょくぶつ》の葉《は》や茎《くき》は辛《から》い。香辛料《こうしんりょう》やさしみのつまとしても使《つか》われる。その葉《は》を食《た》べる虫《むし》もいる。人《ひと》の好《この》みはいろいろだという例《たと》え。普通《ふつう》ではないことや物《もの》が好《す》きな場合《ばあい》に使《つか》うことが多《おお》い。好《この》みに関係《かんけい》したものでは、**あばたもえくぼ**もある。あばたは、天然痘《てんねんとう》という病気《びょうき》が治《なお》った後《あと》、顔《かお》に残《のこ》った小《ちい》さなくぼみ。好《す》きな人《ひと》のあばたは、えくぼに見《み》えて好《この》ましい。欠点《けってん》でさえも長所《ちょうしょ》に思《おも》えるという意《い》味《み》だ。

頭《あたま》の上《うえ》の蝿《はえ》を追《お》えの巻《まき》

大人《おとな》になったら、大発明《だいはつめい》をして、大儲《おおもう》けして、お母《かあ》さんとお姉《ねえ》ちゃんに恩返《おんがえ》しするわ。
マンガ
鳴《な》く猫《ねこ》はねずみを捕《と》らぬとも言《い》うわよ……。
わたしは、楽《たの》しみにしてるわ。
ニャ?
だからね、この宿題《しゅくだい》を手伝《てつだ》ってくれないかな?
どれよ。
マンガ
自分《じぶん》の宿題《しゅくだい》は、どうするの!まずは、自分《じぶん》の頭《あたま》の上《うえ》の蝿《はえ》を追《お》え、でしょう。
そうか。
えええ~~っ
マンガ

頭《あたま》の上《うえ》の蠅《はえ》を追《お》え

まず自分《じぶん》の頭《あたま》の上《うえ》にとまっている蠅《はえ》を、追《お》い払《はら》いなさい。人《ひと》の世話《せわ》を焼《や》いたり、あれこれ言《い》ったりする前《まえ》に、自分自身《じぶんじしん》のことをきちんとすませることが大事《だいじ》だという教《おし》え。

頭《あたま》の上《うえ》の蠅《はえ》も追《お》えぬとも言《い》うが、こちらは頭《あたま》の上《うえ》の蠅《はえ》を追《お》い払《はら》うことができないという意味《いみ》で、自分《じぶん》のことがきちんとできない人《ひと》の例《たと》え。

鳴《な》く猫《ねこ》はねずみを捕《と》らぬ

昔《むかし》は家《いえ》の中《なか》にもよくねずみが出《で》たので、ねずみをつかまえる猫《ねこ》は役《やく》に立《た》った。中《なか》でも、あまり鳴《な》かない猫《ねこ》がよくねずみをつかまえ、にゃあにゃあとよく鳴《な》き声《ごえ》をあげる猫《ねこ》は、ねずみをつかまえない。それと同《おな》じように、よくしゃべる口数《くちかず》の多《おお》い人《ひと》は、実行力《じっこうりょく》がないという例《たと》え。

犬《いぬ》にも、**吠《ほ》える犬《いぬ》はかみつかぬ**という同《おな》じようなことわざがある。わんわんよく吠《ほ》える犬《いぬ》は、強《つよ》そうに見《み》えるけどかみつくことはないという意味《いみ》で、やたらといばったり、文句《もんく》ばかり言《い》ったりする人《ひと》に限《かぎ》って実力《じつりょく》はなく何《なに》もできないものだという例《たと》え。

秋葉山《あきばさん》から火事《かじ》の巻《まき》

ご飯《はん》にするから、お兄《にい》ちゃんよんでらっしゃい。
はあい。
遅《おそ》いと思《おも》ったら……。ミイラ取《と》りがミイラになるって、このことね。
うまい、うまい！
ピコ ピコ
お母《かあ》さんにも貸《か》してみて。
おもしろいよ。
やった！
キャッ キャッ
お母《かあ》さんまで。まったく、秋葉山《あきばさん》から火事《かじ》じゃないか！

ミイラ取《と》りがミイラになる

ミイラは、人間《にんげん》や動物《どうぶつ》の死体《したい》が乾燥《かんそう》して固《かた》まったもの。ミイラを捜《さが》しに行《い》った人《ひと》が、何《なに》かが起《お》こって自分《じぶん》自身《じしん》がミイラになってしまうということ。人《ひと》を捜《さが》して連《つ》れもどしに行《い》った人《ひと》が、そのまま帰《かえ》ってこなくなってしまうことの例《たと》え。

また、説得《せっとく》しようと出《で》かけて行《い》った人《ひと》が、相手《あいて》の話《はなし》を聞《き》いて逆《ぎゃく》に説得《せっとく》されてしまうことの例《たと》え。

秋葉山《あきばさん》から火事《かじ》

秋葉山《あきばさん》は、防火《ぼうか》の神《かみ》をまつる秋葉神社《あきばじんじゃ》のこと。火災《かさい》を防《ふせ》ぐはずの秋葉神社《あきばじんじゃ》から火事《かじ》が出《で》るという意味《いみ》。

人《ひと》を指導《しどう》したり教《おし》えたりする立場《たちば》の人《ひと》、人《ひと》の良《よ》い見《み》本《ほん》とならなければならない人《ひと》が、自分《じぶん》がいつも言《い》っている罪《つみ》を犯《おか》してしまうことの例《たと》え。秋葉神社《あきばじんじゃ》は、静岡《しずおか》県《けん》の秋葉山《あきはさん》をご神体《しんたい》とする秋葉山本宮秋葉神社《あきはさんほんぐうあきはじんじゃ》をはじめとして全国各地《ぜんこくかくち》にある。

同《おな》じようなことわざに、**火消《ひけ》しの家《いえ》にも火事《かじ》**がある。火消《ひけ》しは、江戸《えど》時代《じだい》に江戸《えど》の町《まち》にあった町火消《まちびけ》しの組織《そしき》が有名《ゆうめい》だ。その組織《そしき》に属《ぞく》して火《ひ》を消《け》す仕事《しごと》をした人《ひと》のことも、火消《ひけ》しとよんだ。火《ひ》を消《け》すはずの人《ひと》の家《いえ》から火《ひ》を出《だ》して火事《かじ》になるという意味《いみ》。いつもは人《ひと》にこうしろ、こういうことはするなと言《い》っている人《ひと》が、自分自身《じぶんじしん》がしてはいけないことをしてしまうことの例《たと》え。

空《す》き腹《はら》にまずいものなしの巻《まき》

1
今度《こんど》の学校《がっこう》には、もう慣《な》れた？
いろいろ違《ちが》っていて、転校生《てんこうせい》は大変《たいへん》だよ。
2
郷《ごう》に入《い》っては郷《ごう》に従《したが》えさ。
まあね。それよりおなかが空《す》いた！
3
しかし、海辺《うみべ》の町《まち》はいいな。魚《さかな》がうまい！
ん〜っ
そうね。
4
ガツ
ガツ
ガツ
お前《まえ》の場合《ばあい》は何《なに》を食《た》べても、空《す》き腹《はら》にまずいものなしだな。

郷《ごう》に入《い》っては郷《ごう》に従《したが》え

それぞれの地方《ちほう》にはそれぞれの習慣《しゅうかん》やしきたりがある。その地方《ちほう》へ行《い》って暮《く》らすなら、その地方《ちほう》の習慣《しゅうかん》やしきたりに従《したが》うのが良《よ》いという教《おし》え。

また、それと同《おな》じように、いろいろな組織《そしき》や集団《しゅうだん》には独特《どくとく》の習慣《しゅうかん》やしきたりがある。その組織《そしき》や集団《しゅうだん》の仲間《なかま》になるには、その習慣《しゅうかん》やしきたりに従《したが》う方《ほう》が良《よ》いという意味《いみ》でも使《つか》う。

所変《ところか》われば品変《しなか》わるも、それぞれの土地《とち》にそれぞれの習慣《しゅうかん》やしきたり、ことばや特産品《とくさんひん》などがあるという意味《いみ》のことわざ。

まんずうめー！
うまいにー！
でーりゃーうみゃーろ！
むっちゃうまい！

空《す》き腹《はら》にまずいものなし

おなかが空《す》いているときには、どんなものでもおいしいと思《おも》って食《た》べられる。まずいものはないという意《い》味《み》。西洋《せいよう》には、**空腹《くうふく》は最高《さいこう》のソース**ということわざがある。同《おな》じ意味《いみ》だ。

食《た》べ物《もの》のことわざには、**名物《めいぶつ》にうまいものなし**もある。おなかが空《す》いていない人《ひと》のことわざかもしれない。各地《かくち》の名物《めいぶつ》と言《い》われている食《た》べ物《もの》には、評判《ひょうばん》ほどおいしいものは少《すこ》ない。案外《あんがい》、まずいものが多《おお》いという意味《いみ》だ。

どうぞ♡
ど…どうも
江戸名物
○○○

地獄《じごく》の沙汰《さた》も金次第《かねしだい》の巻《まき》

1
ビールはないのか?
新《あたら》しいテレビも買《か》ったし、ビールなんか無理《むり》よ。
2
金《かね》は天下《てんか》のまわりものさ。もうすぐボーナスが出《で》るよ。
気楽《きらく》でいいわね。
え〜っ めざしじゃん
3
三日後
おっ、ごちそうだな!
お帰《かえ》りなさい。
グツ グツ グツ グツ
やった すきやき!
4
ボーナスが出《で》た日《ひ》くらいはね。はいどうぞ。
地獄《じごく》の沙汰《さた》も金次第《かねしだい》だね。

金《かね》は天下《てんか》のまわりもの

だれかが八百屋《やおや》で大根《だいこん》を買《か》えば、八百屋《やおや》さんや農家《のうか》の人《ひと》たちにお金《かね》が手《て》に入《はい》る。その人《ひと》たちが服《ふく》を買《か》えば、今度《こんど》は服屋《ふくや》さんや服《ふく》を作《つく》った人《ひと》たちの手《て》にお金《かね》が入《はい》る。

そんなふうに、お金《かね》はどこかに集《あつ》まるものではなく、人《ひと》から人《ひと》へと世《よ》の中《なか》をぐるぐるとまわっているものだ。だから、今《いま》はお金《かね》がない人《ひと》にも、いつかはまわってくるという意味《いみ》で、お金《かね》がない人《ひと》へのなぐさめや励《はげ》ましのことばとしても使《つか》われる。

地獄《じごく》の沙汰《さた》も金《かね》次第《しだい》

悪《わる》いことをした人《ひと》が死《し》ぬとそこへ行《い》き、罰《ばつ》を受《う》け苦《くる》しみを味《あじ》わうと言《い》われている世界《せかい》が地獄《じごく》。その地獄《じごく》での裁判《さいばん》でさえ、お金《かね》を出《だ》せば有利《ゆうり》になる。だから、この世《よ》の中《なか》ではお金《かね》があれば、どんなことでも好《す》きなようになるという例《たと》え。

そんなお金《かね》のことわざに、**金《かね》とちりは積《つ》もるほど汚《きたな》い**というのもある。ちりやごみは集《あつ》まれば集《あつ》まるほど汚《きたな》い。同《おな》じように、お金《かね》を貯《た》めて金持《かねも》ちになると、かえって欲《よく》が深《ふか》くなったり、出《だ》し惜《お》しみをしたりしてお金《かね》の使《つか》い方《かた》も汚《きたな》くなるという意味《いみ》だ。

ただより高《たか》いものはないの巻《まき》

セールで買《か》ったんだけど、やっぱりデザインが古《ふる》いわね。
安物《やすもの》買《が》いの銭失《ぜにうしな》いだね。
お父《とう》さん、ひどい！
デパート
すまん、すまん。ケーキを買《か》ってきたから、みんなで食《た》べよう。
わ〜い
そうね。
ごちそうさま！
食《た》べ終《お》わったら、勉強《べんきょう》しろよ。
マンガ
あああっ、食《た》べなきゃよかった。ただより高《たか》いものはない、か。

安物《やすもの》買《が》いの銭失《ぜにうしな》い

値段《ねだん》が安《やす》いからこれにしようと思《おも》って買《か》うと、質《しつ》の良《よ》くないものを買ってしまい、長持《ながも》ちもしないので買《か》い換《かえ》えなければならない。結局《けっきょく》、お金《かね》をなくしてしまうことになる。安《やす》いものを買《か》うと、かえって損《そん》をするといういましめ。

お金《かね》と同《おな》じように大切《たいせつ》なものが時間《じかん》だ。**時《とき》は金《かね》なり**は、そんな意味《いみ》のことわざ。お金《かね》をむだにしようと思《おも》う人《ひと》はいないのに、時間《じかん》をむだにする人《ひと》は多《おお》い。時《じ》間《かん》もお金《かね》と同《おな》じようにむだにしてはいけないという教《おし》え。西洋《せいよう》のことわざがもとになっている。

ただより高《たか》いものはない

何《なに》かをただでもらったりすると、後《あと》でお返《かえ》しをしなければならなくなったりする。くれた人《ひと》から何《なに》かをたのまれたりすると、断《ことわ》りにくいこともある。ただでもらったのだから得《とく》をしたと思《おも》っていても、高《たか》い買《か》い物《もの》をした時《とき》のようにかえって損《そん》をするものだという意味《いみ》の教《おし》え。

お金《かね》がからんだことわざに、**金《かね》の切《き》れ目《め》が縁《えん》の切《き》れ目《め》**というのがある。相手《あいて》から金銭的《きんせんてき》な利益《りえき》が得《え》られなくなったら、付《つ》き合《あ》いも終《お》わりだということ。お金《かね》があるうちはちやほやされたり、おだてられたりするが、お金《かね》がなくなったら冷《つめ》たくあしらわれるという意味《いみ》だ。

触《さわ》らぬ神《かみ》にたたりなしの巻《まき》

合格祈願《ごうかくきがん》の人《ひと》が多《おお》いのね。
鰯《いわし》の頭《あたま》も信心《しんじん》からか。その気持《きも》ちもわからなくはないが……
一生懸命勉強《いっしょうけんめいべんきょう》して、実力《じつりょく》で合格《ごうかく》をしてこそ意味《いみ》がある。そうじゃないか。
うん？どうしたんだ。ずいぶん静《しず》かじゃないか。
ハァ〜〜ッ？
勉強《べんきょう》の話《はなし》はしたくないんだ。触《さわ》らぬ神《かみ》にたたりなしだからね。
1
2
3
4

鰯《いわし》の頭《あたま》も信心《しんじん》から

節分《せつぶん》の夜《よる》、鰯《いわし》の頭《あたま》を柊《ひいらぎ》の枝《えだ》にさして門《もん》のあたりに飾《かざ》っておくと、悪《わる》い鬼《おに》を追《お》い払《はら》うと信《しん》じられていた。

鰯《いわし》の頭《あたま》のようにつまらないものでも、信仰《しんこう》する人《ひと》にとっては神《かみ》や仏《ほとけ》のようにありがたく思《おも》える。どんなものでも信仰《しんこう》する人《ひと》にとっては、ありがたいものだということの例《たと》え。

触《さわ》らぬ神《かみ》にたたりなし

昔《むかし》は自分《じぶん》が信《しん》じている神《かみ》の教《おし》えに従《したが》わないと、神《かみ》はその人《ひと》にたたり、わざわいを起《お》こすと考《かんが》えられていた。それなら神《かみ》を信《しん》じない方《ほう》が、わざわいが起《お》こらないからいいという意味《いみ》で、どんなことでも関係《かんけい》を持《も》たなければ、被害《ひがい》に遭《あ》わないということの例《たと》え。めんどうなこと、余計《よけい》なことには、最初《さいしょ》から関係《かんけい》しない方《ほう》が良《よ》いという意味《いみ》だ。

手《て》を出《だ》してやけどするは、余計《よけい》なことに手《て》を出《だ》して痛《いた》い目《め》に遭《あ》うという意味《いみ》の例《たと》えだ。もう一《ひと》つ、**火中《かちゅう》の栗《くり》を拾《ひろ》う**ということもある。他人《たにん》の利益《りえき》のために、危険《きけん》をおかすこと。そのためにひどい目《め》に遭《あ》うことの例《たと》え。猿《さる》におだてられた猫《ねこ》が、燃《も》えている火《ひ》の中《なか》から焼《や》けた栗《くり》を拾《ひろ》ってやけどをした。その後《あと》、おだてた猿《さる》は、栗《くり》を食《た》べたという西洋《せいよう》の話《はなし》がもとになっている。

鳥《とり》なき里《さと》の蝙蝠《こうもり》の巻《まき》

今日《きょう》の試合《しあい》、勝《か》てる？
まかせてよ。ぼくがピッチャーで、四番《よばん》だよ。
投《な》げるのも打《う》つのも、チームで一番《いちばん》。何《なん》でも来《こ》いさ。
ブン
ブン
がんばってね。
何《なん》でも来《こ》いに名人《めいじん》なしって言《い》うけどな。
あら、負《ま》けたのね。
鳥《とり》なき里《さと》の蝙蝠《こうもり》だったというわけか。
ズーン

何《なん》でも来《こ》いに名人《めいじん》なし

「何《なん》でも来《こ》い」といばって言《い》うような人《ひと》、何《なん》でもまあまあうまくできる人《ひと》は、これといった何《なに》かの名人《めいじん》にはなれない。器用《きよう》にいろいろなことをこなすことはできても、一《ひと》つのことに集中《しゅうちゅう》できない。結局《けっきょく》は、達人《たつじん》や名人《めいじん》にはなれないという意《い》味《み》だ。

自分《じぶん》のことを「何《なん》でも来《こ》い」の名人《めいじん》だと自慢《じまん》したり、ぺらぺらとよくしゃべる人《ひと》のことわざに**空《あ》き樽《だる》は音《おと》が高《たか》い**がある。中身《なかみ》の詰《つ》まった樽《たる》はたたいてもあまり良《よ》い音《おと》はしないが、空《から》っぽの樽《たる》はたたくと高《たか》い音《おと》がする。それと同《おな》じように、内容《ないよう》のない人《ひと》や軽薄《けいはく》でよくしゃべる人《ひと》の例《たと》え。

鳥《とり》なき里《さと》の蝙蝠《こうもり》

鳥《とり》がいない人里《ひとざと》を、わがもの顔《がお》で飛《と》びまわる蝙蝠《こうもり》という意味《いみ》。自分《じぶん》よりすぐれた人《ひと》がいないところでは、能力《のうりょく》のない人《ひと》が大《おお》いばりでふるまうということの例《たと》え。蝙蝠《こうもり》が登場《とうじょう》することわざには、**蝙蝠《こうもり》も鳥《とり》のうち**もある。蝙蝠《こうもり》も鳥《とり》と同《おな》じように空《そら》を飛《と》ぶ。だから、大《たい》したものではないが、仲間《なかま》と言《い》えば仲間《なかま》だ。つまらない人《ひと》でも、共通《きょうつう》するものがあれば仲間《なかま》だという例《たと》え。また、すぐれた人《ひと》たちに、つまらない人《ひと》がまじっていることの例《たと》え。どちらのことわざにも、蝙蝠《こうもり》は鳥《とり》に比《くら》べて劣《おと》っているものとして登場《とうじょう》する。

柳《やなぎ》に風《かざ》折《お》れなしの巻《まき》

また、先生《せんせい》に叱《しか》られたんですって！
出《で》る杭《くい》は打《う》たれるって言《い》うから、仕方《しかた》がないよ。
山田
1
何《なに》を言《い》ってるのよ。あなたが悪《わる》いんでしょ。
……
2
大丈夫《だいじょうぶ》、大丈夫《だいじょうぶ》。ちゃんと謝《あやま》ってきたもの。
困《こま》った子《こ》ね。
山田
3
柳《やなぎ》に風《かざ》折《お》れなしですよ。いやいや、たいしたものだ。
ホホ……
4

出《で》る杭《くい》は打《う》たれる

地面《じめん》に何本《なんぼん》も並《なら》べて杭《くい》を打《う》ち込《こ》んだとき、他《ほか》より長《なが》いものは高《たか》さをそろえるために、頭《あたま》をたたいてさらに打《う》ち込《こ》む。それと同《おな》じように、並《なみ》はずれた能力《のうりょく》があるとねたまれたり憎《にく》まれたりして、何《なに》かのときにたたかれるという例《たと》え。

また、出《で》しゃばったことをしたり言《い》ったりすると、文句《もんく》を言《い》われたり憎《にく》まれたり仕返《しかえ》しをされたりすることの例《たと》え。

柳《やなぎ》に風折《かざお》れなし

柳《やなぎ》の枝《えだ》は、細《ほそ》いがよくしなう。だから、強《つよ》い風《かぜ》が吹《ふ》いても、風《かぜ》に合《あ》わせて揺《ゆ》れていて折《お》れることがない。

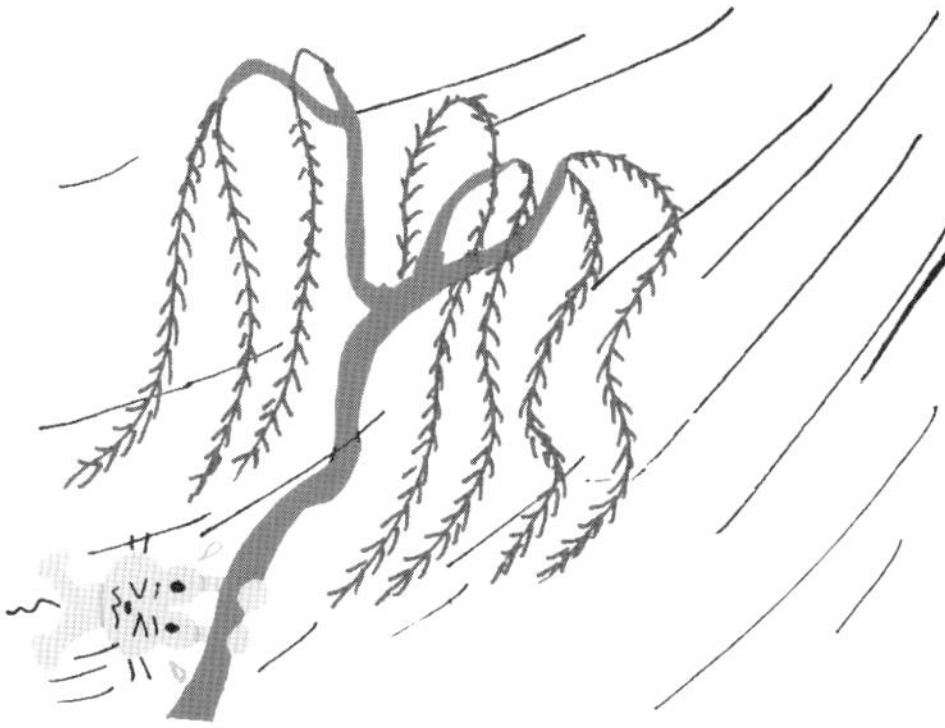

かたくなに抵抗《ていこう》したり意地《いじ》を張《は》ったりしないで、柔軟《じゅうなん》にしている方《ほう》が困難《こんなん》や試練《しれん》にも耐《た》えることができるという例《たと》え。**柳《やなぎ》に雪折《ゆきお》れなし**は、柳《やなぎ》の枝《えだ》は雪《ゆき》が積《つ》もっても折《お》れないということで、意味《いみ》は同《おな》じ。

その反対《はんたい》に、背《せ》が高《たか》い木《き》は風《かぜ》に折《お》れやすいとも言《い》われている。**高木《こうぼく》は風《かぜ》に折《お》らる**ということわざがそれ。高《たか》い木《き》は強《つよ》い風《かぜ》が吹《ふ》くと、まともに風《かぜ》を受《う》けて折《お》れることがある。高《たか》い地位《ちい》についている人《ひと》、評判《ひょうばん》の高《たか》い人《ひと》は、人《ひと》からねたまれたりして困難《こんなん》に遭《あ》いやすいという例《たと》え。

上手《じょうず》の手《て》から水《みず》が漏《も》るの巻《まき》

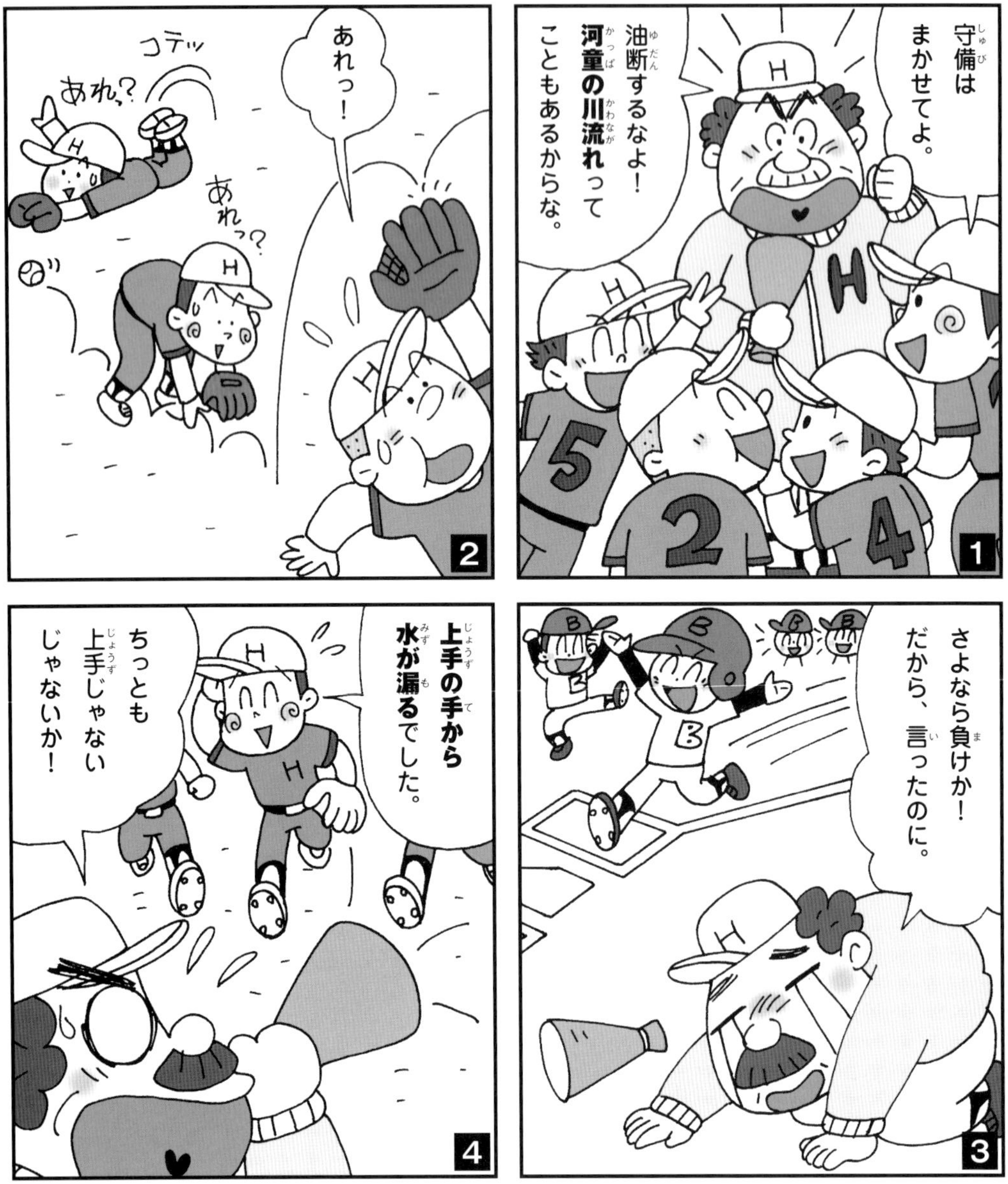
守備《しゅび》はまかせてよ。
油断《ゆだん》するなよ！**河童《かっぱ》の川流《かわなが》れ**ってこともあるからな。
あれっ！
コテッ
あれっ？
あれっ？
さよなら負《ま》けか！だから、言《い》ったのに。
上手《じょうず》の手《て》から水《みず》が漏《も》るでした。
ちっとも上手《じょうず》じゃないじゃないか！

河童《かっぱ》の川流《かわなが》れ

昔話《むかしばなし》にも登場《とうじょう》する河童《かっぱ》は、川《かわ》にいて泳《およ》ぎがとてもうまいと思《おも》われていた。その河童《かっぱ》でさえ、ときには川《かわ》で流《なが》されることもある。つまり、どんなに上手《じょうず》な人《ひと》でも失敗《しっぱい》することがあるという例《たと》え。

弘法《こうぼう》にも筆《ふで》のあやまり、**猿《さる》も木《き》から落《お》ちる**（「小学《しょうがく》生《せい》からのことわざ教室《きょうしつ》」参《さん》照《しょう》）や**上手《じょうず》の手《て》から水《みず》が漏《も》る**も同《おな》じような意味《いみ》だ。

悪巧《わるだく》みやはかりごとが得意《とくい》な人《ひと》が、逆《ぎゃく》に失敗《しっぱい》するという**策士策《さくしさく》に溺《おぼ》れる**ということわざもある。策士《さくし》は、悪巧《わるだく》みやはかりごとが得意《とくい》な人《ひと》。そんな人《ひと》が自分《じぶん》は頭《あたま》が良《よ》いと思《おも》い込《こ》み、悪巧《わるだく》みやはかりごとを考《かんが》えすぎて、かえって正《ただ》しく判断《はんだん》ができなくなって失敗《しっぱい》するという意味《いみ》だ。

上手《じょうず》の手《て》から水《みず》が漏《も》る

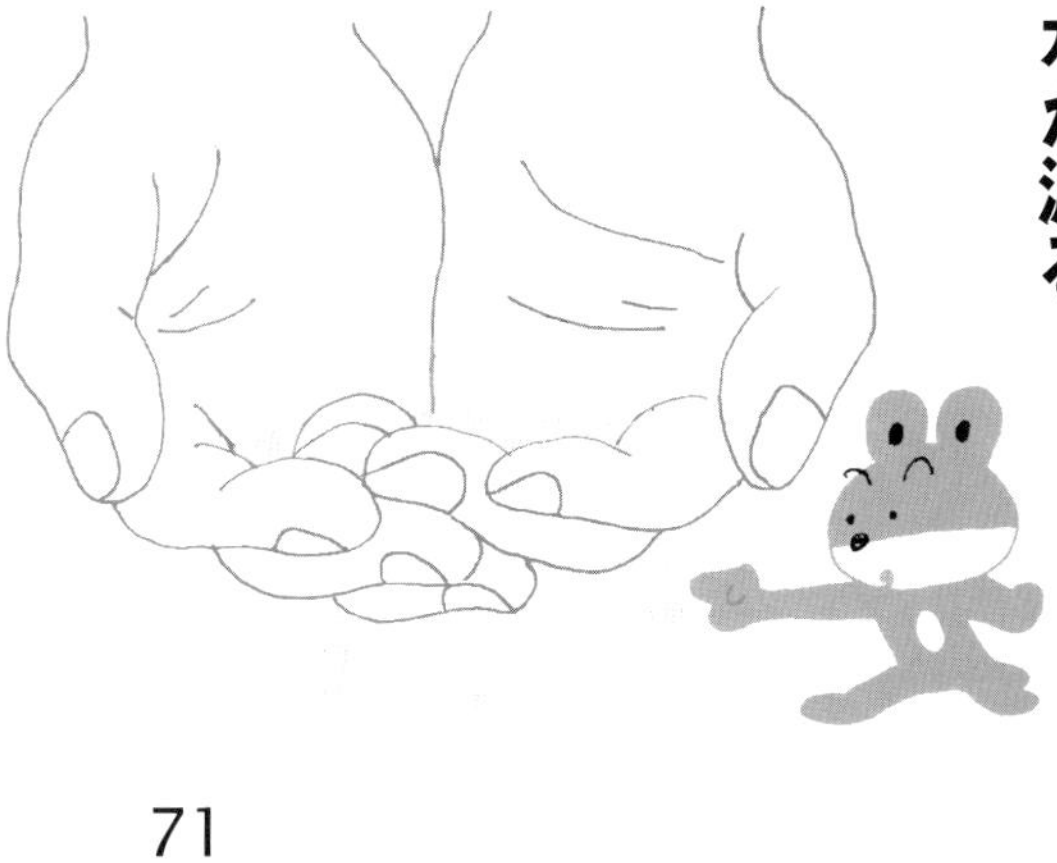

上手《じょうず》は、名人《めいじん》のこと。どんな名人《めいじん》でも、たまには失敗《しっぱい》をすることがあるという例《たと》え。**河童《かっぱ》の川流《かわなが》れ**も同《おな》じ意味《いみ》だが、こちらは本当《ほんとう》なら失敗《しっぱい》しないような人《ひと》が失敗《しっぱい》したときに、いたわったりなぐさめたりする気持《きも》ちを込《こ》めて使《つか》うことが多《おお》い。

人《ひと》をのろわば穴二《あなふた》つの巻《まき》

お父《とう》さん、サッカーにつれて行《い》ってよ。
忙《いそが》しいからなあ……
じゃあ、サッカーボール買《か》ってよ。
わかったよ。
お兄《にい》ちゃん。初《はじ》めから、ボールがほしかったんでしょう。
ああ、敵《てき》は本能寺《ほんのうじ》にありさ。
言《い》いつけちゃおっと。
おいおい、人《ひと》をのろわば穴二《あなふた》つだぞ！

敵《てき》は本能寺《ほんのうじ》にあり

見《み》せかけの目的《もくてき》とは別《べつ》に、本当《ほんとう》の目的《もくてき》があること。武士《ぶし》が活躍《かつやく》した時代《じだい》、明智《あけち》光秀《みつひで》は京都《きょうと》の本能寺《ほんのうじ》で織田《おだ》信長《のぶなが》を討《う》った。そのとき、最後《さいご》まで本能寺《ほんのうじ》に向《む》かうことは言《い》わず、中国地方《ちゅうごくちほう》へ進軍《しんぐん》すると見《み》せかけ、いよいよになってから部下《ぶか》たちに言《い》ったことばだとも言《い》われている。

江戸《えど》の敵《かたき》を長崎《ながさき》で討《う》つ

も、武士《ぶし》の行動《こうどう》がもとになったことわざだ。武士《ぶし》は自分《じぶん》の親《おや》が殺《ころ》されると、仇討《あだうち》と言《い》って復讐《ふくしゅう》のために敵討《かたきう》ちをした。

江戸《えど》（東京《とうきょう》）と長崎《ながさき》は遠《とお》く離《はな》れている。そのことから、意外《いがい》なところ、思《おも》いがけないところで仕返《しかえ》しをすることの例《たと》えとして使《つか》われる。また、筋《すじ》の通《とお》らない仕返《しかえ》し、理屈《りくつ》に合《あ》わない仕返《しかえ》しをすることの例《たと》えとしても使《つか》う。

人《ひと》をのろわば穴二《あなふた》つ

人《ひと》を恨《うら》んでのろい殺《ころ》そうと墓穴《はかあな》を掘《ほ》る人《ひと》は、やがてその結果《けっか》として自分《じぶん》も墓穴《はかあな》に入《はい》ることになる。人《ひと》を痛《いた》めつけたり陥《おとしい》れようとする人《ひと》は、やがてその報《むく》い、その結果《けっか》として自分《じぶん》も同《おな》じような目《め》に遭《あ》うといういましめ。

情《なさ》けは人《ひと》のためならずの巻《まき》

ありがとう。おかげで助《たす》かりました。
では、お気《き》をつけて。
いいことしたね。
旅《たび》は道《みち》づれ世《よ》は情《なさ》けですものね。
良《よ》いことをすると、おなかがすくね。
仕方《しかた》がないわね。
まったく、抜《ぬ》け目《め》がないんだから！
情《なさ》けは人《ひと》のためならずって言《い》うじゃないか。

旅《たび》は道《みち》づれ世《よ》は情《なさ》け

旅《たび》をするときは、一人《ひとり》より一緒《いっしょ》に行《い》ってくれる人《ひと》がいた方《ほう》が楽《たの》しいし心強《こころづよ》い。昔《むかし》の旅《たび》は、山《やま》の中《なか》でもどこでも歩《ある》いていくのだからなおさらだ。この世《よ》の中《なか》も、たがいに思《おも》いやり助《たす》け合《あ》っていく方《ほう》が気持《きも》ちよく暮《く》らせるという例《たと》え。

同《おな》じ旅《たび》のことわざに、**旅《たび》の恥《はじ》はかき捨《す》て**というのもある。旅先《たびさき》では知《し》らないこともあるし、そのときだけのことだから、恥《はじ》をかくこともそれほどに気《き》にすることはないという意味《いみ》だ。しかし、旅先《たびさき》では知《し》っている人《ひと》に見《み》られることはないから、恥《は》ずかしいことも平気《へいき》でやってしまうという悪《わる》い意味《いみ》を込《こ》めて使《つか》われることも多《おお》い。

情《なさ》けは人《ひと》のためならず

情《なさ》けは、思《おも》いやりのこと。人《ひと》を思《おも》いやり親切《しんせつ》にすれば、それが良《よ》い結果《けっか》として自分《じぶん》にも返《かえ》ってくる。親《しん》切《せつ》にした人《ひと》から親切《しんせつ》にしてもらえるということではなく、良《よ》いことをすれば自然《しぜん》と自分《じぶん》にも良《よ》いことが巡《めぐ》ってくるという意味《いみ》だ。だから、人《ひと》には情《なさ》け深《ぶか》く親切《しんせつ》にしなさいという教《おし》え。情《なさ》けはその人《ひと》のためにはならないという意味《いみ》に、まちがって使《つか》う人《ひと》も少《すく》なくない。

似《に》たようなことわざに、**思《おも》えば思《おも》わるる**がある。相《あい》手《て》に対《たい》して良《よ》い気持《きも》ちを持《も》っていれば、相手《あいて》からも良《よ》く思《おも》われるということ。

夜《よ》道《みち》に日《ひ》は暮《く》れぬの巻《まき》

はい、傘《かさ》よ。
天気《てんき》がいいのに、傘《かさ》なんて月夜《つきよ》に提灯《ちょうちん》だよ。
デパート
やっぱり、傘《かさ》を持《も》ってくればよかったよ。
平気《へいき》、平気《へいき》。
雨宿《あまやど》りしていこうよ。
そうだな。ビールも冷《ひ》えてるらしいし。
ビール冷えてます!
もう帰《かえ》ろうよ。
ヒック
待《ま》て待《ま》て、あわてることはない。夜道《よみち》に日《ひ》は暮《く》れぬってね。
ジュル
ジュル〜

月夜《つきよ》に提灯《ちょうちん》

昔《むかし》は道路《どうろ》に照明《しょうめい》などなかったので、その時代《じだい》の人《ひと》は暗《くら》いことには慣《な》れていた。だから、月《つき》が出《で》ていれば、提灯《ちょうちん》で照《て》らしながら歩《ある》くようなことはしなかった。月夜《つきよ》に提灯《ちょうちん》はいらないということから、不用《ふよう》なものや役《やく》に立《た》たないものの例《たと》えとして使《つか》う。

明《あか》るい月夜《つきよ》のことわざに、**月夜《つきよ》に釜《かま》を抜《ぬ》かれる**というのもある。

釜《かま》はご飯《はん》を炊《た》くもの。抜《ぬ》かれるというのは、盗《ぬす》まれること。月《つき》が明《あか》るくて何《なん》でもよく見《み》えるはずなのに、大《おお》きな釜《かま》を盗《ぬす》まれるということで、ひどく気《き》がゆるんでいること、間《ま》が抜《ぬ》けていることの例《たと》えとして使《つか》われる。

夜道《よみち》に日《ひ》は暮《く》れぬ

夜《よる》の道《みち》を歩《ある》いて帰《かえ》るのに、日《ひ》が暮《く》れるかもしれないと心配《しんぱい》することはない。日《ひ》は暮《く》れてしまったのだからあわてることはない。どうせもう遅《おそ》くなったのだから、遅《おそ》くなりついでにゆっくりと時間《じかん》など気《き》にせず、腰《こし》を落《お》ち着《つ》けて過《す》ごしましょうという意味《いみ》で使《つか》うことが多《おお》い。

仏《ほとけ》作《つく》って魂《たましい》入《い》れずの巻《まき》

さあ、夏休《なつやす》みの計画《けいかく》を作《つく》ったよ！ 計画書《けいかくしょ》の一番《いちばん》は、これで達成《たっせい》。始《はじ》め良《よ》ければ終《お》わり良《よ》し、だよね。
1. まず計画書をしっかり作る！
2. 宿題はしっかりやる！
3. ゲームは一日一時間！
1
宿題《しゅくだい》しなくていいの？
先《さき》は長《なが》いんだ。あわてない、あわてない。
2
宿題《しゅくだい》終《お》わったの？ 来週《らいしゅう》から、学校《がっこう》が始《はじ》まるのよ！
えっ！
3
宿題《しゅくだい》が間《ま》に合《あ》わな～い！
計画書《けいかくしょ》はきれいに書《か》けたが、結局《けっきょく》、仏作《ほとけつく》って魂入《たましいい》れずだったな！
1. まず計画書をしっかり作る！
2. 宿題は
4

始《はじ》め良《よ》ければ終《お》わり良《よ》し

どんなことでも始《はじ》めが順《じゅん》調《ちょう》にうまくいけば、終《お》わりまでうまくいく。だから、何《なに》かを完成《かんせい》させたりやりとげたりするには、最初《さいしょ》が大《たい》切《せつ》。慎重《しんちょう》に始《はじ》めなければならないという意味《いみ》だ。西洋《せいよう》のことわざが翻訳《ほんやく》されたもの。

翻訳《ほんやく》された西洋《せいよう》のことわざには、**終《お》わり良《よ》ければすべて良《よ》し**というのもある。どんなことでも結果《けっか》が良《よ》ければすべて良《よ》かったことになる。途中《とちゅう》に多少《たしょう》の失敗《しっぱい》やまちがいがあったとしても、結果《けっか》が大切《たいせつ》という意味《いみ》。

仏作《ほとけつく》って魂入《たましいい》れず

新《あたら》しく仏像《ぶつぞう》を作《つく》るときは、最後《さいご》に開眼《かいがん》という儀式《ぎしき》を行《おこな》う。仏像《ぶつぞう》に目《め》を入《い》れて、魂《たましい》を迎《むか》え入《い》れるためだ。この最後《さいご》の儀式《ぎしき》をやらないという意味《いみ》で、肝心《かんじん》の魂《たましい》が入《はい》っていないのだから何《なん》の価《か》値《ち》もないという意味《いみ》の例《たと》え。

主《おも》に、努力《どりょく》を重《かさ》ねてほとんど出来上《できあ》がったというのに、大切《たいせつ》なところが抜《ぬ》けている場合《ばあい》に使《つか》う。どちらも、**仏作《ほとけつく》って眼《まなこ》を入《い》れず**とも言《い》う。「作《つく》って」を「造《つく》って」とし、**仏造《ほとけつく》って魂入《たましいい》れず**、**仏造《ほとけつく》って眼《まなこ》を入《い》れず**とも書《か》く。

似《に》たようなことわざに、**画竜点睛《がりょうてんせい》を欠《か》く**がある。すばらしい竜《りゅう》の絵《え》を描《か》いたのに瞳《ひとみ》が描《か》かれていない。こちらも、一番大切《いちばんたいせつ》なものが抜《ぬ》けているという意味《いみ》だ。

若《わか》いときの苦《く》労《ろう》は買《か》ってでもせよの巻《まき》

いい若《わか》い者《もの》が年寄《としよ》りに荷物《にもつ》を持《も》たせて、困《こま》ったものだ。
あの二人《ふたり》を**他山《たざん》の石《いし》**として、我《わ》が家《や》のしつけも考《かんが》え直《なお》すか。
そうね。この子《こ》のためよね。
はい、持《も》ちなさい。
えっ!
お母《かあ》さんまで、ひどいなあ。
若《わか》いときの苦労《くろう》は買《か》ってでもせよ、ですよ。
うんうん

他山《たざん》の石《いし》

よその山《やま》の取《と》りえのない石《いし》でも、自分《じぶん》の山《やま》の玉《たま》を磨《みが》くのには役《やく》に立《た》つという意《い》味《み》で、中国《ちゅうごく》の古《ふる》い書物《しょもつ》の中《なか》の文章《ぶんしょう》を短《みじか》くしたもの。自《じ》分《ぶん》には関係《かんけい》のない出来事《できごと》や人《ひと》の失敗《しっぱい》も、よく見《み》てよく考《かんが》えれば自分《じぶん》を向上《こうじょう》させるのに役立《やくだ》つという例《たと》え。似《に》ている意味《いみ》のものに、**人《ひと》のふり見《み》てわがふり直《なお》せ**（「小《しょう》学生《がくせい》からのことわざ教室《きょうしつ》」参照《さんしょう》）がある。

同《おな》じように中国《ちゅうごく》の古《ふる》い書《しょ》物《もつ》から出《で》たことわざに、**前《ぜん》車《しゃ》の轍《てつ》を踏《ふ》む**がある。轍《てつ》は、車《くるま》が走《はし》った車輪《しゃりん》のあと、わだちのこと。前《まえ》を走《はし》っていてひっくり返《かえ》った車《くるま》のわだちを、同《おな》じように走《はし》っていって同《おな》じように転《ころ》ぶということで、前《まえ》の人《ひと》と同《おな》じような失敗《しっぱい》をすることの例《たと》え。もともとは、前《まえ》の車《くるま》がひっくり返《かえ》ったことは、後《うし》ろの車《くるま》には見《み》ならってはいけない悪《わる》い見本《みほん》となるという意味《いみ》の文章《ぶんしょう》から出《で》ている。

若《わか》いときの苦労《くろう》は買《か》ってでもせよ

若《わか》いときの苦労《くろう》は、良《よ》い経験《けいけん》となって将来《しょうらい》きっと役《やく》に立《た》つ。だから、若《わか》いうちは自分《じぶん》から求《もと》めてでも苦労《くろう》をしておきなさいという教《おし》え。**若《わか》いときの苦労《くろう》は買《か》ってもせよ**、**若《わか》いときの苦労《くろう》は買《こ》うてでもせよ**とも言《い》う。

憎《にく》まれっ子《こ》世《よ》にはばかるの巻《まき》

お姉《ねえ》ちゃんが、ぼくのおやつ食《た》べちゃった！
まあまあ、ならぬ堪忍《かんにん》するが堪忍《かんにん》ってこともある。そうおこるな。
どうだ、これでも食《た》べるか？
食《た》べる！
わたしも食《た》べる！
ずるいよ！
サッ
まあまあ、憎《にく》まれっ子《こ》世《よ》にはばかるってことだな。まあいい、そうおこるな。
ほれっ
おじいちゃん！

ならぬ堪忍《かんにん》するが堪忍《かんにん》

堪忍《かんにん》は、怒《いか》りや辛《つら》さをじっと我慢《がまん》すること。もう我慢《がまん》できないというぎりぎりまで我慢《がまん》して、もうどうしても我慢《がまん》できないと思《おも》うような怒《いか》りや辛《つら》さを我慢《がまん》するのが、本当《ほんとう》の我慢《がまん》なのだという教《おし》え。腹《はら》を立《た》てて頭《あたま》に血《ち》が上《のぼ》ったような人《ひと》に向《む》かって、我慢《がまん》させようと教《おし》えさとすようなときに使《つか》うことも多《おお》い。

憎《にく》まれっ子《こ》世《よ》にはばかる

みんなから憎《にく》まれたりきらわれたりするような人《ひと》に限《かぎ》って、大勢《おおぜい》の中《なか》でいばっていたり、世《よ》の中《なか》で大《おお》きな顔《かお》をしていたりする。また、なぜか出世《しゅっせ》をしたり、金《かね》もうけをしたりする。**憎《にく》まれっ子《こ》世《よ》にはびこる**とも言《い》う。

似《に》たような意味《いみ》のことわざに、**渋柿《しぶがき》の長持《ながも》ち**がある。渋柿《しぶがき》は人《ひと》もあまり取《と》らないし、鳥《とり》なども食《た》べようとはしない。それに、熟《じゅく》してもなかなか実《み》が崩《くず》れないので、柿《かき》の木《き》の枝《えだ》に長《なが》く残《のこ》っているという意味《いみ》だ。これといった長所《ちょうしょ》もないような人《ひと》や悪《わる》い人《ひと》が、りっぱな人《ひと》や良《よ》い人《ひと》より長生《ながい》きをするという例《たと》え。

大山鳴動《たいざんめいどう》してねずみ一匹《いっぴき》の巻《まき》

今度《こんど》の先生《せんせい》、すごいんですって？
そう、おっかなそうなの。腕《うで》なんか、こんなに太《ふと》いのよ！
それに、ひげ生《は》やしてるんですってよ！
おいおい、山《やま》より大《おお》きな猪《いのしし》は出《で》ぬだぞ。
保護者会《ほごしゃかい》に行《い》って、よく見《み》てきてよ。
わかったよ。行《い》ってみるよ。
ペコリ
よろしくお願《ねが》いします。
かわいい先生《せんせい》じゃないか。まったく大山鳴動《たいざんめいどう》してねずみ一匹《いっぴき》だな。

山《やま》より大《おお》きな猪《いのしし》は出《で》ぬ

猪《いのしし》は山《やま》に棲《す》む動物《どうぶつ》。突然《とつぜん》、出《で》くわしたりすると、びっくりしてとても大《おお》きかったように思《おも》ったり、人《ひと》にもそう言《い》ったりする。しかし、いくら大《おお》きかったと言《い》っても、棲《す》んでいる山《やま》より大《おお》きな猪《いのしし》がいるはずはない。もちろん、出《で》てくるはずもない。大《おお》げさなことを言《い》うのもいい加減《かげん》にしなさいという意味《いみ》で使《つか》われる。

幽霊《ゆうれい》の正体《しょうたい》見《み》たり枯《か》れ尾《お》花《ばな》

も、びっくりしたときの見《み》まちがいを例《たと》えに使《つか》ったことわざ。枯《か》れ尾花《おばな》は、枯《か》れたすすきのこと。幽霊《ゆうれい》だと思《おも》って恐《おそ》ろしがっていたものを、よく見《み》てみれば枯《か》れたすすきだったという意《い》味《み》。

びくびくしていると、何《なん》でもないものまで恐《おそ》ろしいものに見《み》えてしまうということの例《たと》え。恐《おそ》ろしかったものも、たいしたものではなかったことの例《たと》え。

大山《たいざん》鳴動《めいどう》してねずみ一匹《いっぴき》

古代《こだい》ローマの詩人《しじん》のことばがもとになったことわざ。鳴動《めいどう》は、大《おお》きな音《おと》を立《た》てて揺《ゆ》れ動《うご》くこと。大《おお》きな山《やま》が大《おお》きな音《おと》とともに揺《ゆ》れ動《うご》いたのに、出《で》てきたのはたったねずみが一匹《いっぴき》だったという意味《いみ》だ。どうなるのだろう、何《なに》が起《お》こるのだろうと大騒《おおさわ》ぎをしたが、結果《けっか》はたいしたことがなかったということの例《たと》え。

蟻《あり》の穴《あな》から堤《つつみ》も崩《くず》れるの巻《まき》

あっ、おじいちゃん。青信号《あおしんごう》！
だからと言《い》って、飛《と》び出《だ》すんじゃない。
ガシッ
浅《あさ》い川《かわ》も深《ふか》く渡《わた》れと言《い》って、何事《なにごと》も用心《ようじん》が大切《たいせつ》。右《みぎ》を見《み》て、左《ひだり》を見《み》て……。
あっ、あの子《こ》だ！
よそ見《み》をするな。**蟻《あり》の穴《あな》から堤《つつみ》も崩《くず》れる**と言《い》って、そういう不注意《ふちゅうい》が危《あぶ》ない。
早《はや》く渡《わた》ろうよ。
おっと、もう赤信号《あかしんごう》だぞ！
もうっ！あの子《こ》が行《い》っちゃったじゃないか。
ピッ
ガクッ

浅《あさ》い川《かわ》も深《ふか》く渡《わた》れ

浅《あさ》い川《かわ》でも、油断《ゆだん》をすると足《あし》を滑《すべ》らせたりして溺《おぼ》れることもある。深《ふか》い川《かわ》を渡《わた》るつもりで、よく注意《ちゅうい》をして渡《わた》りなさいという意味《いみ》だ。

どんなに安全《あんぜん》そうに見《み》えること、簡単《かんたん》そうに見《み》えることでも、十分《じゅうぶん》に気《き》を付《つ》けてやりなさいという教《おし》え。**石橋《いしばし》をたたいて渡《わた》る**（「小《しょう》学生《がくせい》からのことわざ教室《きょうしつ》」参照《さんしょう》）も同《おな》じ意味《いみ》。

念《ねん》には念《ねん》を入《い》れよも、似《に》た意味《いみ》のことわざ。念《ねん》を入《い》れるというのは、細《こま》かいところまで十分《じゅうぶん》に注意《ちゅうい》をすること。注意《ちゅうい》して、それでももう一度《いちど》注意《ちゅうい》をすることが大切《たいせつ》だという教《おし》え。念《ねん》を入《い》れるにしても、**重箱《じゅうばこ》のすみをようじでほじる**は、重箱《じゅうばこ》のすみに残《のこ》った小《ちい》さなものまでようじでほじりだすという意味《いみ》で、どうでもいいような細《こま》かいことまでうるさく言《い》うことの例《たと》え。

蟻《あり》の穴《あな》から堤《つつみ》も崩《くず》れる

堤《つつみ》は、川《かわ》や池《いけ》などの堤防《ていぼう》や土手《どて》のこと。蟻《あり》の巣《す》のような小《ちい》さな穴《あな》もそのままにしておくと、それが原因《げんいん》で大《おお》きな堤《つつみ》が崩《くず》れてしまうこともあるという意味《いみ》だ。

ふとした不注意《ふちゅうい》やちょっとした油断《ゆだん》が、大失敗《だいしっぱい》につながったり、ひどい結果《けっか》を招《まね》いたりすることがあるという例《たと》え。

かわいさあまって憎《にく》さ百倍《ひゃくばい》の巻《まき》

捨《す》て猫《ねこ》だよ。家《うち》で飼《か》っていい?
だめよ。
すまん！ボール あったか?
だって、かわいそうじゃない！
まあいいさ、自分《じぶん》で世話《せわ》をするんだぞ。
あった あった
かわいいね。
鬼《おに》の目《め》にも涙《なみだ》だなあ。
あっ、引《ひ》っかいたな！
かわいさあまって憎《にく》さ百倍《ひゃくばい》か?
チュ〜
やさしくしなさい！
1
2
3
4

鬼《おに》の目《め》にも涙《なみだ》

鬼《おに》は、想像上《そうぞうじょう》の生《い》き物《もの》で角《つの》や牙《きば》もありとても恐《おそ》ろしい怪物《かいぶつ》。そんな鬼《おに》が目《め》に涙《なみだ》をためているということで、思《おも》いやりのない冷《つめ》たい人《ひと》でも、たまには優《やさ》しい気《き》持《も》ちになって涙《なみだ》を流《なが》すものだという例《たと》え。

同《おな》じ鬼《おに》が関係《かんけい》したことわざでも、**鬼《おに》の念仏《ねんぶつ》**の鬼《おに》はもっと冷酷《れいこく》だ。意味《いみ》は残酷《ざんこく》なことをする鬼《おに》が、お経《きょう》を唱《とな》えたりしてうわべだけ優《やさ》しそうにすること。冷《つめ》たく優《やさ》しさのない人《ひと》が優《やさ》しそうに見《み》せかけることの例《たと》え。

かわいさあまって憎《にく》さ百倍《ひゃくばい》

かわいがっていろいろ面《めん》倒《どう》をみていたのに、何《なに》かの原因《げんいん》で気持《きも》ちがこじれて、相手《あいて》を憎《にく》らしく思《おも》うようになった場合《ばあい》は、その憎《にく》らしさはただの憎《にく》らしさではない。普通《ふつう》の場合《ばあい》より百倍《ひゃくばい》も憎《にく》らしいという意味《いみ》だ。

憎《にく》らしさや憎《にく》しみをテーマにしたことわざには、**坊《ぼう》主《ず》憎《にく》けりゃ袈裟《けさ》まで憎《にく》い**もある。お坊《ぼう》さんを憎《にく》いと思《おも》うと、そのお坊《ぼう》さんが身《み》に着《つ》けている袈裟《けさ》までが憎《にく》いと思《おも》うようになる。だれかをあまりにも憎《にく》たらしいと思《おも》うと、その人《ひと》に関係《かんけい》のあるものは何《なに》もかも憎《にく》たらしくなるという例《たと》え。

起《お》きて半畳《はんじょう》寝《ね》て一畳《いちじょう》の巻《まき》

お兄《にい》ちゃん、いっしょにテレビ見《み》てもいい？
いいよ。
ドヤ
ドヤ
いらっしゃい
おじゃましま～す
キャ キャ ワー ワー
あら、どうしたの？
追《お》い出《だ》されちゃったよ。
アハハ
庇《ひさし》を貸《か》して母屋《おもや》を取《と》られる、か。
この家《いえ》は狭《せま》すぎるよ。勉強《べんきょう》する場所《ばしょ》もないし。
何《なに》を言《い》っているんだ！
スタスタ
人間《にんげん》は、**起《お》きて半畳《はんじょう》寝《ね》て一畳《いちじょう》**。やる気《き》があれば、勉強《べんきょう》はどこでもできるぞ！
わかったよ。
トホホ
ドサッ

庇《ひさし》を貸《か》して母屋《おもや》を取《と》られる

庇《ひさし》は、出入《でい》り口《ぐち》や窓《まど》などの上《うえ》についている小《ちい》さな屋根《やね》のようなもの。その庇《ひさし》を貸《か》しただけなのに、いつの間《ま》にかその家《いえ》の全体《ぜんたい》を取《と》られるという意味《いみ》だ。

何《なに》かの一部分《いちぶぶん》を貸《か》しただけなのに、全部《ぜんぶ》を取《と》られてしまった例《たと》え。仲間《なかま》に入《い》れてやったのに、いつの間《ま》にか自分《じぶん》が仲間《なかま》のリーダーのように行動《こうどう》したりすることの例《たと》え。または、親切《しんせつ》にしてやったのに、逆《ぎゃく》に相手《あいて》からひどい目《め》に遭《あ》わされること。恩《おん》を仇《あだ》で返《かえ》されることの例《たと》え。

恩《おん》を仇《あだ》で返《かえ》すという意味《いみ》では、**飼《か》い犬《いぬ》に手《て》をかまれる**ということわざもある。こちらは、面倒《めんどう》をみたりかわいがったりしていた部下《ぶか》などから、裏切《うらぎ》られたりひどいことをされたりすることの例《たと》え。

起《お》きて半畳《はんじょう》寝《ね》て一畳《いちじょう》

半畳《はんじょう》は畳半分《たたみはんぶん》、一畳《いちじょう》は畳《たたみ》一枚分《いちまいぶん》の広《ひろ》さ。人間《にんげん》は起《お》きているときは半畳《はんじょう》、横《よこ》になっていても一畳《いちじょう》ほどの広《ひろ》さがあれば十分《じゅうぶん》という意味《いみ》。

あくせくとお金《かね》や名声《めいせい》などを望《のぞ》まず、ぜいたくをせず、今《いま》のままで満足《まんぞく》するのが良《よ》い生《い》き方《かた》だという教《おし》え。「どうせ、そんなものさ」というあきらめの気持《きも》ちを込《こ》めて使《つか》う場合《ばあい》もある。

口《くち》と財《さい》布《ふ》は締《し》めるが得《とく》の巻《まき》

お母《かあ》さん
けちん坊《ぼう》
だからな。
ガラッ
あなたたち、お母《かあ》さんの悪口《わるくち》言《い》ってたでしょ!
壁《かべ》に耳《みみ》あり障子《しょうじ》に目《め》ありですからね。
バ～ン
わっ
ところでさ、おこづかいちょうだい。
何《なに》に使《つか》うのよ?
スリ
スリ
あー、だめだめ! 口《くち》と財《さい》布《ふ》は締《し》めるが得《とく》ですからね。
やっぱり、お母《かあ》さんはけちだ!
ズッ
ズン

壁《かべ》に耳《みみ》あり障子《しょうじ》に目《め》あり

秘密《ひみつ》の話《はなし》や行動《こうどう》は、どこでだれに聞《き》かれているか、どこでだれに見《み》られているかわからない。秘密《ひみつ》は、どこからか漏《も》れやすいものだという例《たと》え。

だから、用心《ようじん》しなければいけないという意味《いみ》を込《こ》めて使《つか》うこともある。**壁《かべ》に耳《みみ》あり**も同《おな》じ意味《いみ》。

口《くち》と財布《さいふ》は締《し》めるが得《とく》

おしゃべりとお金《かね》のむだ使《づか》いは、自分《じぶん》のためにならない。お金《かね》のむだ使《づか》いが、ためにならないのは当《あ》たり前《まえ》。しゃべるのはなぜいけないのだろう。時間《じかん》のむだもあるし、言《い》わなければよかったことを言《い》って人《ひと》から恨《うら》まれることもある。だから、口《くち》ではぺらぺらしゃべらず、お金《かね》は節約《せつやく》することが得《とく》だという教《おし》え。

おしゃべりをいましめることわざには、**口《くち》から出《で》れば世間《せけん》**もある。どんな秘密《ひみつ》も、一度《いちど》しゃべってしまえばもう秘密《ひみつ》ではない。自然《しぜん》と世《よ》の中《なか》に広《ひろ》まってしまう。だから、どんなことでも軽《かる》はずみにしゃべってはいけないという意味《いみ》だ。

歌《うた》は世《よ》につれ世《よ》は歌《うた》につれの巻《まき》

1
おじさん、おばさん。この人《ひと》と結婚《けっこん》します。
どこで知《し》り合《あ》った人《ひと》?
2
ロックのライブでよ。
あのやかましい演奏会《えんそうかい》でか!
縁《えん》は異《い》なもの味《あじ》なものよねえ。
3
わたしも行《い》ってみようかしら。
おいおい。もっとましな音楽《おんがく》にしろよ。
4
おじさん、**歌《うた》は世《よ》につれ世《よ》は歌《うた》につれ**ですよ。
!?
そ、そうか…
あなたは、時代《じだい》に遅《おく》れてるのよ。

縁《えん》は異《い》なもの味《あじ》なもの

縁《えん》は、人《ひと》と人《ひと》との結《むす》びつきやつながりのこと。「異《い》な」は、「不思議《ふしぎ》な」「おかしな」という意味《いみ》だ。

人《ひと》と人《ひと》の結《むす》びつきは、どこでどう知《し》り合《あ》ったりつながったりしているのか、不《ふ》思議《しぎ》でおもしろく味《あじ》わいのあるものだということ。普《ふ》通《つう》は、好《す》き合《あ》っている男女《だんじょ》の結《むす》びつきをさして言《い》う。

縁《えん》に関係《かんけい》したことわざに、**つまずく石《いし》も縁《えん》の端《はし》と**いうのもある。

歩《ある》いていて何気《なにげ》なくつまずいた石《いし》でさえ、考《かんが》えてみればそうなる運命《うんめい》としてつながっていたものの一《ひと》つなのだという意味《いみ》。だから、どんな出会《であ》いやわずかな関《かん》係《けい》でも、生《う》まれる前《まえ》からそうなるように決《き》まっていた運命《うんめい》で、大切《たいせつ》にしなければいけないという教《おし》え。

歌《うた》は世《よ》につれ世《よ》は歌《うた》につれ

みんなが口《くち》にする歌《うた》も、世《よ》の中《なか》の変化《へんか》とともに変《か》わっていく。また、多《おお》くの人《ひと》が口《くち》にする歌《うた》が変《か》わるとともに、世《よ》の中《なか》のようすやその時代《じだい》の雰囲気《ふんいき》も変《か》わっていくということ。このことわざで言《い》う歌《うた》は、流行歌《りゅうこうか》のこと。

歳《さい》月《げつ》は人《ひと》を待《ま》たずの巻《まき》

おめでとうございます。
おめでとう。いよいよ今年《ことし》は受験《じゅけん》よね。
はい、お年玉《としだま》。
やった!
お年玉
今年《ことし》は、目標《もくひょう》をしっかり立《た》てるのよ。**一年《いちねん》の計《けい》は元旦《がんたん》にあり**ですよ。
わかったけど、わたしの予定《よてい》よりちょっと少《すく》ない……
ぶつぶつ言《い》わない!
1000
お年玉
さあ、勉強《べんきょう》しなさい。**歳月《さいげつ》は人《ひと》を待《ま》たず**よ。
ま、待《ま》ってよ。

一年《いちねん》の計《けい》は元旦《がんたん》にあり

元旦《がんたん》は、一月一日《いちがつついたち》の朝《あさ》のこと。一年《いちねん》の計画《けいかく》は、元日《がんじつ》のそれも朝《あさ》のうちに立《た》て実《じっ》行《こう》するのが良《よ》い。どんなことでも、最初《さいしょ》の出《で》だしが大切《たいせつ》だという教《おし》え。**一日《いちにち》の計《けい》はあしたにあり一年《いちねん》の計《けい》は元旦《がんたん》にあり**と続《つづ》けて言《い》うこともある。「あした」は、朝《あさ》のこと。

歳月《さいげつ》は人《ひと》を待《ま》たず

時間《じかん》は、一定《いってい》のスピードで過《す》ぎていく。歳月《さいげつ》、つまり年月《ねんげつ》は、人《ひと》の都合《つごう》など関係《かんけい》なくどんどん過《す》ぎ去《さ》っていく。

だから、時間《じかん》を大切《たいせつ》にしなければいけないという教《おし》え。中国《ちゅうごく》の古《ふる》い詩《し》から出《で》たことば。**歳月人《さいげつひと》を待《ま》たず**とも言《い》う。

同《おな》じ中国《ちゅうごく》の古《ふる》い詩《し》の中《なか》から出《で》たことばに、**去《さ》る者《もの》は日々《ひび》にうとし**がある。こちらも時間《じかん》の流《なが》れと人《ひと》との関係《かんけい》を言《い》ったものだ。どんなに仲《なか》が良《よ》かった人《ひと》でも、遠《とお》く離《はな》れてしまうと付《つ》き合《あ》う機会《きかい》もなくなり親《した》しさもなくなっていく。または、死《し》んでしまった人《ひと》は、だんだんに忘《わす》れられていくという意味《いみ》で、人間関係《にんげんかんけい》のはかなさが感《かん》じられる。

臭《くさ》いものにふたをするの巻《まき》

おこづかい、値上《ねあ》げしてよ。みんなはもっともらってるらしいよ！

よそのことはよく見《み》えるの。**となりの花《はな》は赤《あか》い**、ですよ。

世界《せかい》にはおなかをすかせた子《こ》が、大勢《おおぜい》いるんだぞ。おまえも、ユニセフに寄付《きふ》したらどうだ。

ほうっ
その程度《ていど》の人道支援《じんどうしえん》じゃ、世界《せかい》の貧困問題《ひんこんもんだい》は解決《かいけつ》しないよ。

えっ
偉《えら》そうなことを言《い》うのね。

臭《くさ》いものにふたをするようなやり方《かた》じゃなくて、根本的《こんぽんてき》な解決《かいけつ》が必要《ひつよう》なんだよ。わかる？

すまん。

となりの花《はな》は赤《あか》い

となりの庭《にわ》の花《はな》は、自分《じぶん》の庭《にわ》に咲《さ》いている花《はな》よりも赤《あか》くて美《うつく》しい。どんなことでも、他《ほか》の人《ひと》が持《も》っているものは、良《よ》いものに見《み》えるという例《たと》え。決《けっ》して他《ほか》の人《ひと》の持《も》っているものの方《ほう》が良《よ》いとは限《かぎ》らない、という気《き》持《も》ちを込《こ》めて使《つか》う。**となりの芝《しば》は青《あお》い**、**となりの飯《めし》は白《しろ》い**も同《おな》じ。

臭《くさ》いものにふたをする

臭《くさ》いものが入《はい》った容器《ようき》にふたをするという意味《いみ》で、臭《くさ》いにおいの原因《げんいん》を取《と》り除《のぞ》くべきなのに、ふたをするだけでは本当《ほんとう》の解決《かいけつ》にはなっていない。

人《ひと》に知《し》られたくないような悪《わる》い行《おこな》いや下品《げひん》な行動《こうどう》、不都合《ふつごう》で困《こま》ったことなどを、一時《いちじ》しのぎの方法《ほうほう》でかくすこと。ごまかすことの例《たと》え。**臭《くさ》いものにふた**と省《しょう》略《りゃく》した形《かたち》でも使《つか》われる。

臭《くさ》いものを例《たと》えに使《つか》ったことわざには、**臭《くさ》いものに蠅《はえ》がたかる**というのもある。腐《くさ》ったものなど臭《くさ》いもののまわりには、蠅《はえ》が集《あつ》まってくる。蠅《はえ》は悪《わる》い人《ひと》のことで、良《よ》くないところには自然《しぜん》と悪《わる》い人間同士《にんげんどうし》が集《あつ》まってくるものだという例《たと》え。**類《るい》は友《とも》をよぶ**（9ページ）も参照《さんしょう》。

大事《だいじ》の前《まえ》の小事《しょうじ》の巻《まき》

となりの席《せき》の子《こ》なんて30点《てん》だったのよ!

32
自分《じぶん》だっていばれる点数《てんすう》じゃない。**目《め》くそ鼻《はな》くそを笑《わら》う**だな。

お父《とう》さんは、子《こ》どものころどうだったのよ? おばあちゃんに聞《き》いてみよっと。

おばあちゃん!

待《ま》て待《ま》て!

なんですか?

そんなことより、明日《あした》もテストだろ。静《しず》かに勉強《べんきょう》でもしたらどうだ。**大事《だいじ》の前《まえ》の小事《しょうじ》**だぞ。

まあまあ…

ずるい!

?

目《め》くそ鼻《はな》くそを笑《わら》う

目《め》くそは、目《め》やにのこと。目《め》やにが、鼻《はな》くそのことを汚《きたな》いと言《い》って馬鹿《ばか》にして笑《わら》うという意味《いみ》。自分《じぶん》の欠点《けってん》や短所《たんしょ》には気付《きづ》かないで、人《ひと》の欠点《けってん》や短所《たんしょ》を馬鹿《ばか》にしたり笑《わら》いものにしたりすることの例《たと》え。

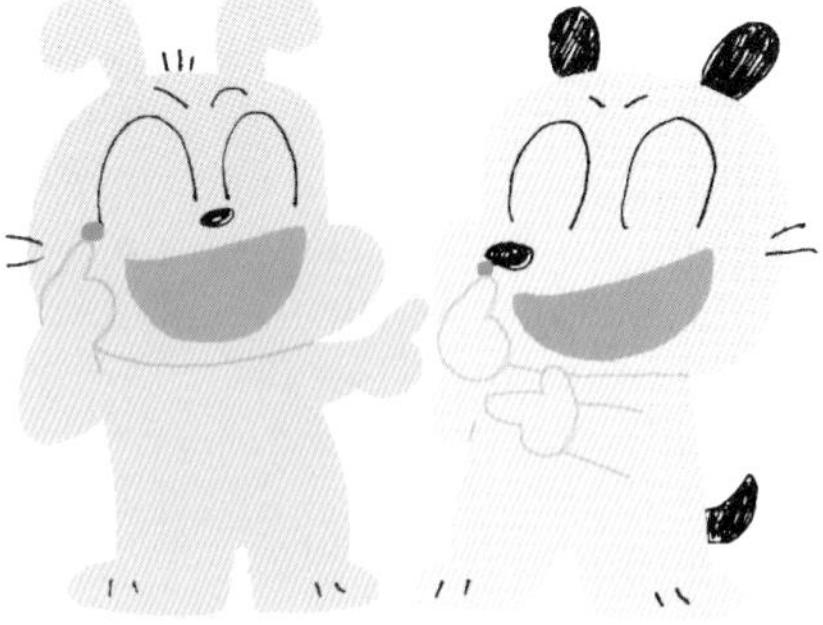

同《おな》じような意味《いみ》のことわざに、**猿《さる》の尻笑《しりわら》い**がある。猿《さる》が自分《じぶん》のお尻《しり》が赤《あか》いことに気《き》が付《つ》かず、別《べつ》の猿《さる》のお尻《しり》が赤《あか》いことを笑《わら》うこと。自分《じぶん》のことには気《き》が付《つ》かずに、人《ひと》の欠点《けってん》や短所《たんしょ》を笑《わら》うことの例《たと》え。

大事《だいじ》の前《まえ》の小事《しょうじ》

大《おお》きなことを成功《せいこう》させたり、完成《かんせい》させたりする前《まえ》の小《ちい》さなこと。言《い》っているのはそれだけのことだが、まったく別《べつ》の二《ふた》つの意味《いみ》がある。一《ひと》つは、大《おお》きなことをする前《まえ》には、油断《ゆだん》をしてはいけない。小《ちい》さなこともいい加減《かげん》にしないで、注意《ちゅうい》深《ぶか》くやりなさいという意味《いみ》。もう一《ひと》つは、大《おお》きなことをやろうとしているのだから、小《ちい》さなことは犠牲《ぎせい》にしてもしかたがないという意味《いみ》だ。

似《に》ている表現《ひょうげん》のものに、**大事《だいじ》は小事《しょうじ》より起《お》こる**がある。大事件《だいじけん》や大問題《だいもんだい》の原因《げんいん》は、いつも小《ちい》さなことだ。だから、小《ちい》さなことを軽《かる》く考《かんが》えたり、油断《ゆだん》をしたりしてはいけないという意味《いみ》で使《つか》う。

人《ひと》には添《そ》うてみよ馬《うま》には乗《の》ってみよの巻《まき》

花壇《かだん》に入《はい》っちゃ、
だめじゃないか!
小《ちい》さな子《こ》にそんな
大声《おおごえ》出《だ》したから、
びっくりしているぞ。
だって……
そんなときは、
やさしく教《おし》えてあげるんだ。
人《ひと》を見《み》て法《ほう》を説《と》けってことだな。
へえ。おじいさんは案外《あんがい》、
やさしくて物知《ものし》りなんだ。
見直《みなお》そうかな。……ん?
今《いま》ごろ
わかったのか。
人《ひと》には添《そ》うてみよ、
馬《うま》には乗《の》ってみよ
と言《い》うからな。
ふうん。
アイスクリーム
買《か》ってくれたら、
見直《みなお》してもいいよ。

人《ひと》を見《み》て法《ほう》を説《と》け

もとの意味《いみ》は、仏教《ぶっきょう》の教《おし》えを伝《つた》えるときは、相手《あいて》の性格《せいかく》や身《み》のまわりの環境《かんきょう》に合《あ》わせて、ことばを選《えら》び説明《せつめい》するのが良《よ》いということ。それと同《おな》じように、だれかに何《なに》かを教《おし》えたり注意《ちゅうい》をしたりするときは、相手《あいて》がどんな人《ひと》なのかをよく見《み》て、相手《あいて》のわかりやすいように話《はな》しなさいという教《おし》え。この場合《ばあい》の「人《ひと》を見《み》る」は、どんな性格《せいかく》でどんな考《かんが》え方《かた》をする人《ひと》なのかを、目《め》で見《み》るだけではなく心《こころ》で判断《はんだん》するという意味《いみ》だ。

人《ひと》を見《み》たら泥棒《どろぼう》と思《おも》えの「人《ひと》を見《み》る」は、目《め》で見《み》るだけの意味《いみ》。こちらは、人《ひと》を見《み》かけたら泥棒《どろぼう》かもしれないと疑《うたが》って、やたらに信用《しんよう》してはいけないという教《おし》え。

人《ひと》には添《そ》うてみよ馬《うま》には乗《の》ってみよ

馬《うま》には乗《の》ってみないと、どんな馬《うま》なのかわからない。人《ひと》は親《した》しく付《つ》き合《あ》ってみないと、どんな人《ひと》なのかわからない。見《み》かけだけで判断《はんだん》してはいけない。または、どんなことも経験《けいけん》してみなさいという教《おし》え。

付《つ》き合《あ》ってみて初《はじ》めてわかるという意味《いみ》では、少《すこ》しちがうが**住《す》めば都《みやこ》**もある。どんな場所《ばしょ》でも、住《す》み慣《な》れればその場所《ばしょ》の良《よ》さもわかり、住《す》みやすい場所《ばしょ》に思《おも》えてくる。みんなが憧《あこが》れるにぎやかで便利《べんり》な都《みやこ》と同《おな》じように、住《す》み続《つづ》けたいと思《おも》うようになるという意味《いみ》。

病《やまい》は気《き》からの巻《まき》

さあ、卒業式《そつぎょうしき》も終《お》わったし、4月《がつ》からは中学生《ちゅうがくせい》だな。
卒業式
ハハハ
クラスのお友達《ともだち》ともお別《わか》れよね。
ハハハ
寂《さび》しそうだな。会《あ》うは別《わか》れの始《はじ》めと言《い》って、人生《じんせい》にはつきものさ。
ハア〜
それはいいんだけどね。中学校《ちゅうがっこう》のことが心配《しんぱい》なんだ。
ハハハハハ
なんだ、そんなことか。
ホ〜〜ッ
病《やまい》は気《き》からと言《い》って、心配《しんぱい》しすぎると病気《びょうき》になるぞ。
ハハハハハ
なんでやねん!
あなたは、のんきすぎるのよ。
フ〜〜ッ
フ〜ッ

会《あ》うは別《わか》れの始《はじ》め

会《あ》うということは別《わか》れが始《はじ》まっているという意味《いみ》で、人《ひと》と人《ひと》が会《あ》えば、必《かなら》ずいつか別《わか》れがやってくる。

どんなに仲《なか》の良《よ》い親子《おやこ》や夫婦《ふうふ》、兄弟《きょうだい》、友人《ゆうじん》でも、離《はな》ればなれになったり、どちらかが死《し》んでしまったりしていつかは別《わか》れなければならない。それは運命《うんめい》だという意味《いみ》。

病《やまい》は気《き》から

病気《びょうき》は気持《きも》ちの持《も》ち方《かた》で、重《おも》くもなったり軽《かる》くもなったりする。くよくよ心配《しんぱい》ばかりしていると、病気《びょうき》になりやすかったり病気《びょうき》が重《おも》くなってしまったりする。病気《びょうき》になったらしっかり治療《ちりょう》を受《う》け、明《あか》るい気持《きも》ちでいた方《ほう》が良《よ》いという教《おし》え。現代医学《げんだいいがく》でも、精神的《せいしんてき》なストレスなどが体《からだ》の病気《びょうき》に影響《えいきょう》すると言《い》われている。

病気《びょうき》に関係《かんけい》したことわざの一《ひと》つに、**風邪《かぜ》は万病《まんびょう》のもと**というのもある。風邪《かぜ》は、たしかに重《おも》い病気《びょうき》ではない。しかし、うっかりしていると、こじらせてもっと重《おも》い病気《びょうき》の原因《げんいん》になることもある。だから、風邪《かぜ》くらいと軽《かる》く考《かんが》えず用心《ようじん》しなさいといういましめ。

地獄《じごく》で仏《ほとけ》の巻《まき》

秘密《ひみつ》を知《し》ったからには、死《し》んでもらおう。そうすれば、死人《しにん》に口《くち》なしだ。
お父《とう》さん！
警察《けいさつ》へ電話《でんわ》だ！
もしもし
ま、待《ま》ってよ！
そうはいかない。助《たす》けに来《き》たぞ！
ありがたい。地獄《じごく》で仏《ほとけ》とはこのことだ。
すみません。お芝居《しばい》のせりふを練習《れんしゅう》していたら、つい……
はは…

死人《しにん》に口《くち》なし

死《し》んだ人《ひと》は話《はなし》をすることができないので、見《み》たり聞《き》いたりしたことを証言《しょうげん》することができない。または、相手《あいて》の言《い》うことに反論《はんろん》したり、言《い》い訳《わけ》をしたりすることもできないという意味《いみ》だ。それによって悪《わる》い人《ひと》が自分《じぶん》の悪事《あくじ》を知《し》られずにすむ場合《ばあい》や、死《し》んだ人《ひと》に罪《つみ》を着《き》せる場合《ばあい》などに使《つか》う。

地獄《じごく》で仏《ほとけ》

地獄《じごく》は極楽《ごくらく》の反対《はんたい》にある世界《せかい》で、そこではつらく苦《くる》しいことが続《つづ》く。そんな地獄《じごく》で、そこから救《すく》い出《だ》してくれる仏様《ほとけさま》に会《あ》うという意《い》味《み》だ。

非常《ひじょう》に苦《くる》しいとき、困《こま》り果《は》ててしまったときに、思《おも》いがけない助《たす》けがあらわれて喜《よろこ》ぶことの例《たと》え。**地獄《じごく》で仏《ほとけ》に会《あ》う**とも言《い》う。

地獄《じごく》のことわざに、**地獄《じごく》にも鬼《おに》ばかりではない**ということもある。生《い》きている間《あいだ》に悪《わる》いことをした人《ひと》は地獄《じごく》へ行《い》き、そこで鬼《おに》に痛《いた》めつけられると言《い》われている。しかし、そんな地獄《じごく》にも恐《おそ》ろしい鬼《おに》ばかりではなく、親切《しんせつ》な人《ひと》もいる。わたしたちが暮《く》らしている世《よ》の中《なか》も、鬼《おに》のような人《ひと》もいるが親切《しんせつ》な人《ひと》もいるという意味《いみ》だ。**渡《わた》る世間《せけん》に鬼《おに》はない**（「小学生《しょうがくせい》からのことわざ教室《きょうしつ》」参照《さんしょう》）も同《おな》じ。

年寄《とし》り《よ》の冷《ひ》や水《みず》の巻《まき》

1
わたしも登《のぼ》るわ。
行《い》こう、行《い》こう。
おばあちゃんは、むりよ。
2
一度《いちど》言《い》い出《だ》したら、聞《き》かないものね。
わ〜い
老《お》い木《き》は曲《ま》がらぬと言《い》うからな。連《つ》れて行《い》くか。
3
行《い》きますよ。
年寄《としよ》りの冷《ひ》や水《みず》ってこともありますよ。大丈夫《だいじょうぶ》ですか。
入口
お〜っ
4
おやおや、大丈夫《だいじょうぶ》かい?
ふう。お母《かあ》さん、若《わか》いですね。
お父《とう》さんに冷《ひ》や水《みず》だね。

老《お》い木《き》は曲《ま》がらぬ

樹木《じゅもく》は若《わか》いうちは弾力《だんりょく》があって曲《ま》がりやすいが、老《ろう》木《ぼく》になるとみずみずしさを失《うしな》い弾力《だんりょく》がなくなって曲《ま》がりにくくなる。それと同《おな》じように、人間《にんげん》も年《とし》を取《と》ると強情《ごうじょう》になって、周囲《しゅうい》の人《ひと》の言《い》うことをなかなか聞《き》こうとしないという意味《いみ》の例《たと》え。また、年《とし》を取《と》ってから考《かんが》え方《かた》やくせを変《か》えるのは難《むずか》しいことの例《たと》え。

年《とし》を取《と》った人《ひと》のことわざに、**老《お》いたる馬《うま》は路《みち》を忘《わす》れず**というのもある。年《とし》を取《と》った馬《うま》は道《みち》をよく知《し》っているという意味《いみ》で、長《なが》い間《あいだ》にさまざまな経験《けいけん》をした老《ろう》人《じん》は、知識《ちしき》が豊富《ほうふ》で正《ただ》しい判断《はんだん》ができる。進《すす》むべき正《ただ》しい道《みち》を知《し》っているということの例《たと》え。

年寄《としよ》りの冷《ひ》や水《みず》

年《とし》を取《と》った人《ひと》が、冷《つめ》たい水《みず》を浴《あ》びたりがぶがぶ飲《の》んだりするのは体《からだ》に悪《わる》い。老《ろう》人《じん》が年齢《ねんれい》にふさわしくないむちゃな行動《こうどう》、危険《きけん》なことなどをするのをいましめることわざ。若《わか》いつもりになって、そんなことはしないほうがいいですよという意《い》味《み》で、多少《たしょう》の冷《ひ》やかしを含《ふく》めて使《つか》う。

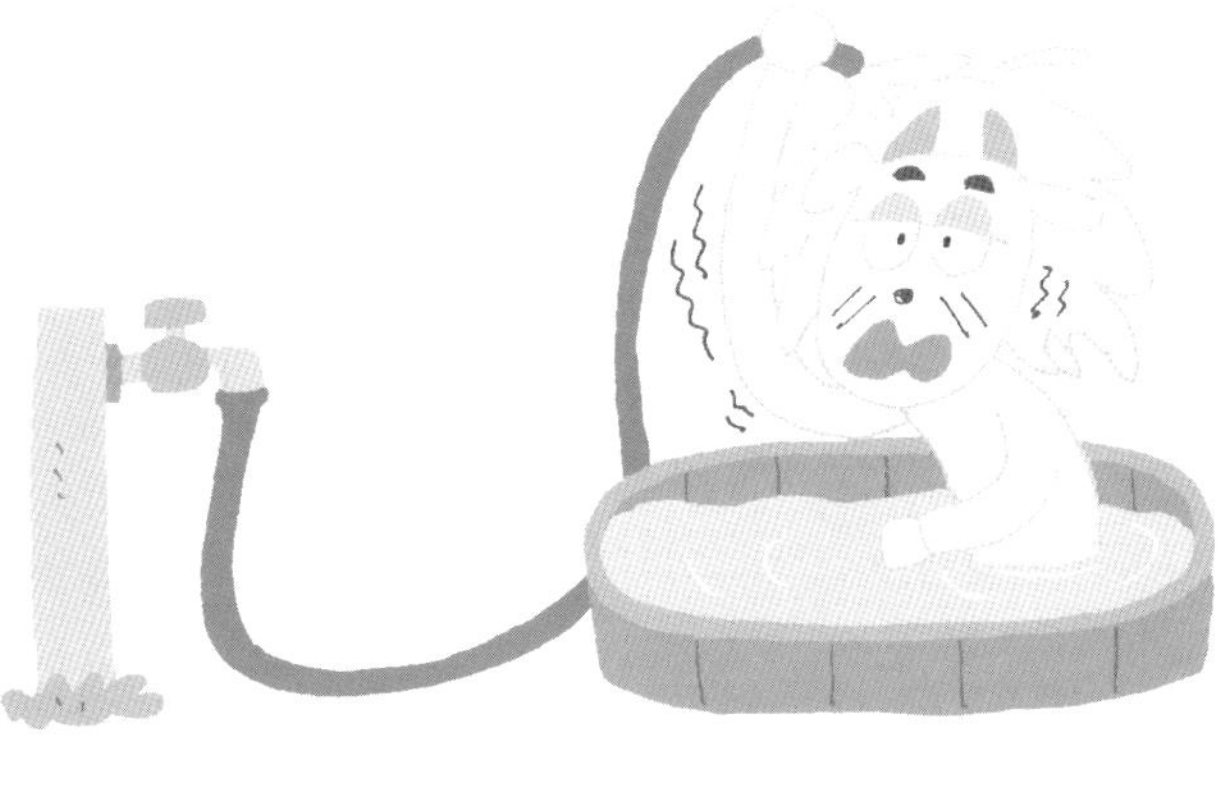

敵《てき》に塩《しお》を送《おく》るの巻《まき》

1
ぼくのサッカーボール、さがしてよ！
知《し》らないわ！
2
お兄《にい》ちゃん、いつも意地悪《いじわる》するくせに。いい気味《きみ》よ！
人《ひと》の痛《いた》いのは三年《さんねん》でも辛抱《しんぼう》するってことか。それもわかる。
たのむよー。
3
仕方《しかた》がないわね。
憎《にく》たらしい兄《あに》を助《たす》ける妹《いもうと》。**敵《てき》に塩《しお》を送《おく》る**、か。美《うつく》しい。
んっ？
4
あった！おじいちゃん。それぼくの！
あっ、これか。
ビクッ

人《ひと》の痛《いた》いのは三年《さんねん》でも辛抱《しんぼう》する

自分《じぶん》が痛《いた》いのは我慢《がまん》できないが、人《ひと》が痛《いた》がっているのはいつまでも平気《へいき》でいられる。人《ひと》がどんなに困《こま》っていたり苦《くる》しがっていたりしても、自分《じぶん》のことではないので気《き》にならないという意《い》味《み》の例《たと》え。

わが身《み》をつねって人《ひと》の痛《いた》さを知《し》れ（「小学生《しょうがくせい》からのことわざ教室《きょうしつ》」参照《さんしょう》）ということわざもある。こちらは自分《じぶん》の体《からだ》をつねってみれば、人《ひと》の痛《いた》みもわかるということを教《おし》えてくれている。

敵《てき》に塩《しお》を送《おく》る

競争《きょうそう》している相手《あいて》が困《こま》っているのに付《つ》けこんで負《ま》かすのではなく、反対《はんたい》に助《たす》けてやること。戦国時代《せんごくじだい》に山《やま》梨県《なしけん》を中心《ちゅうしん》に領地《りょうち》をひろげていた武田信玄《たけだしんげん》が、周囲《しゅうい》の国々《くにぐに》から塩《しお》が売《う》ってもらえずに困《こま》っていたとき、新潟《にいがた》県《けん》のあたりに領地《りょうち》があったライバルの上杉謙信《うえすぎけんしん》は信玄《しんげん》のために塩《しお》を送《おく》ったということからできたことば。

塩《しお》に関係《かんけい》のあることわざに、**傷口《きずぐち》に塩《しお》を塗《ぬ》る**がある。傷《きず》はそれだけでも痛《いた》いものなのに、傷口《きずぐち》に塩《しお》を塗《ぬ》れば沁《し》みるように痛《いた》みが増《ま》す。災難《さいなん》などの悪《わる》いことの上《うえ》に、さらに悪《わる》いことが重《かさ》なることの例《たと》え。

魚心《うおごころ》あれば水心《みずごころ》の巻《まき》

パシッ
カーン
あっ
ナイスキャッチ!
ゲームセットだ
ワーワー
くっ、悔《くや》しい!
あれがヒットだったら、逆転《ぎゃくてん》サヨナラ勝《が》ちだったんだ。
悔《くや》しいなあ。
逃《に》がした魚《さかな》は大《おお》きいものさ。潔《いさぎよ》く、負《ま》けたって認《みと》めたらどうなんだ?
魚心《うおごころ》あれば水心《みずごころ》。ビールもあるし……どう!
負《ま》けたよ!
お父《とう》さん!

逃《に》がした魚《さかな》は大《おお》きい

もう少《すこ》しで釣《つ》りあげることができた魚《さかな》に逃《に》げられると、悔《くや》しくて実際《じっさい》より大《おお》きく思《おも》える。それと同《おな》じように、手《て》に入《はい》りかけたものをもう一歩《いっぽ》のところで失《うしな》うと、どんなものでもすばらしいものだったように思《おも》えるということの例《たと》え。**逃《に》げた魚《さかな》は大《おお》きい**とも言《い》う。

魚心《うおごころ》あれば水心《みずごころ》

もともとは、魚《さかな》に水《みず》を思《おも》う心《こころ》があれば、水《みず》にも魚《さかな》を思《おも》う心《こころ》があるという意味《いみ》。相手《あいて》が好意《こうい》を持《も》って付《つ》き合《あ》ってくれれば、自分《じぶん》の方《ほう》も相手《あいて》に対《たい》して好意《こうい》を持《も》つ気持《きも》ちはあるという例《たと》え。**水心《みずごころ》あれば魚心《うおごころ》**とも言《い》う。

魚《さかな》と水《みず》に関係《かんけい》したことわざには、**水清《みずきよ》ければ魚棲《うおす》まず**というのもある。水《みず》がきれいすぎるところには、かくれる場所《ばしょ》がないので魚《さかな》はいないものだ。

それと同《おな》じように、人間《にんげん》もあまりに清《きよ》く正《ただ》しすぎると、その人《ひと》のまわりにはだれも集《あつ》まってこない。だれも親《した》しく付《つ》き合《あ》ってはくれないという例《たと》え。

さくいん

【あ】

会《あ》うは別《わか》れの始《はじ》め …… 105
青《あお》は藍《あい》より出《い》でて藍《あい》より青《あお》し …… 9
空《あ》き樽《だる》は音《おと》が高《たか》い …… 67
秋葉山《あきばさん》から火事《かじ》 …… 57
悪事千里《あくじせんり》を行《い》く …… 31
悪事千里《あくじせんり》を走《はし》る …… 31
悪銭《あくせん》身《み》に付《つ》かず …… 31
浅《あさ》い川《かわ》も深《ふか》く渡《わた》れ …… 87
明日《あした》は明日《あした》の風《かぜ》が吹《ふ》く …… 23
明日《あす》の百《ひゃく》より今日《きょう》の五十《ごじゅう》 …… 25
頭《あたま》の上《うえ》の蠅《はえ》も追《お》えぬ …… 55
頭《あたま》の上《うえ》の蠅《はえ》を追《お》え …… 55
当《あ》たるも八卦《はっけ》当《あ》たらぬも八卦《はっけ》 …… 23
後百《あとひゃく》より今《いま》五十《ごじゅう》 …… 25
あばたもえくぼ …… 53
蟻《あり》の穴《あな》から堤《つつみ》も崩《くず》れる …… 87

【い】

言《い》いたいことは明日《あす》言《い》え …… 25
怒《いか》りは敵《てき》と思《おも》え …… 17
石《いし》にふとんは着《き》せられず …… 13
石橋《いしばし》をたたいて渡《わた》る …… 87
医者《いしゃ》の不養生《ふようじょう》 …… 29
衣食《いしょく》足《た》りて栄辱《えいじょく》を知《し》る …… 33
衣食《いしょく》足《た》りて礼節《れいせつ》を知《し》る …… 33
一日《いちにち》の計《けい》はあしたにあり一年《いちねん》の計《けい》は元旦《がんたん》にあり …… 97
一年《いちねん》の計《けい》は元旦《がんたん》にあり …… 97
鰯《いわし》の頭《あたま》も信心《しんじん》から …… 65

【う】

上《うえ》には上《うえ》がある …… 39
上見《うえみ》ぬ鷹《たか》 …… 39
上見《うえみ》ぬ鷲《わし》 …… 39
魚心《うおごころ》あれば水心《みずごころ》 …… 113
牛《うし》は牛連《うしづ》れ馬《うま》は馬連《うまづ》れ …… 9
氏《うじ》より育《そだ》ち …… 9
歌《うた》は世《よ》につれ世《よ》は歌《うた》につれ …… 95
生《う》みの親《おや》より育《そだ》ての親《おや》 …… 11

【え】

江戸《えど》の敵《かたき》を長崎《ながさき》で討《う》つ …… 73
縁《えん》は異《い》なもの味《あじ》なもの …… 95

【お】

老《お》い木《き》は曲《ま》がらぬ …… 109
老《お》いたる馬《うま》は路《みち》を忘《わす》れず …… 109
老《お》いては子《こ》に従《したが》え …… 13

負《お》うた子《こ》に教《おし》えられて浅瀬《あさせ》を渡《わた》る …… 13
起《お》きて半畳《はんじょう》寝《ね》て一畳《いちじょう》 …… 91
鬼《おに》の念仏《ねんぶつ》 …… 89
鬼《おに》の目《め》にも涙《なみだ》 …… 89
思《おも》えば思《おも》わるる …… 75
親孝行《おやこうこう》したいときには親《おや》はなし …… 13
親《おや》の甘茶《あまちゃ》が毒《どく》になる …… 11
親《おや》は子《こ》の鑑《かがみ》 …… 15
親《おや》はなくとも子《こ》は育《そだ》つ …… 11
終《お》わり良《よ》ければすべて良《よ》し …… 79

【か】

飼《か》い犬《いぬ》に手《て》をかまれる …… 91
蛙《かえる》の子《こ》は蛙《かえる》 …… 15
風邪《かぜ》は万病《まんびょう》のもと …… 105
火中《かちゅう》の栗《くり》を拾《ひろ》う …… 65
河童《かっぱ》の川流《かわなが》れ …… 71
勝《か》つも負《ま》けるも時《とき》の運《うん》 …… 19
勝《か》てば官軍《かんぐん》 …… 19
勝《か》てば官軍《かんぐん》負《ま》ければ賊軍《ぞくぐん》 …… 19
金《かね》とちりは積《つ》もるほど汚《きたな》い …… 61
金《かね》の切《き》れ目《め》が縁《えん》の切《き》れ目《め》 …… 63
金《かね》は天下《てんか》のまわりもの …… 61
金持《かねも》ちけんかせず …… 19
壁《かべ》に耳《みみ》あり …… 93
壁《かべ》に耳《みみ》あり障子《しょうじ》に目《め》あり …… 93
果報《かほう》は寝《ね》て待《ま》て …… 25
画竜点睛《がりょうてんせい》を欠《か》く …… 79
かわいさあまって憎《にく》さ百倍《ひゃくばい》 …… 89

【き】

机上《きじょう》の空論《くうろん》 …… 37
傷口《きずぐち》に塩《しお》を塗《ぬ》る …… 111
昨日《きのう》は人《ひと》の身《み》今日《きょう》は我《わ》が身《み》 …… 23
窮鼠《きゅうそ》猫《ねこ》をかむ …… 35

【く】

空腹《くうふく》は最高《さいこう》のソース …… 59
臭《くさ》いものに蠅《はえ》がたかる …… 99
臭《くさ》いものにふた …… 99
臭《くさ》いものにふたをする …… 99
口《くち》から出《で》れば世間《せけん》 …… 93
口《くち》と財布《さいふ》は締《し》めるが得《とく》 …… 93

【け】

鶏口《けいこう》となるも牛後《ぎゅうご》となるなかれ …… 27
下種《げす》の後知恵《あとぢえ》 …… 35
下衆《げす》の後知恵《あとぢえ》 …… 35
下種《げす》の知恵《ちえ》は後《あと》から …… 35
下衆《げす》の知恵《ちえ》は後《あと》から …… 35

【こ】
孝行《こうこう》のしたい時分《じぶん》に親《おや》はなし …… 13
郷《ごう》に入《い》っては郷《ごう》に従《したが》え …… 59
弘法《こうぼう》にも筆《ふで》のあやまり …… 71
高木《こうぼく》は風《かぜ》に折《お》らる …… 69
蝙蝠《こうもり》も鳥《とり》のうち …… 67
紺屋《こうや》の明後日《あさって》 …… 29
紺屋《こうや》の白袴《しらばかま》 …… 29
こたつ兵法《びょうほう》 …… 37
子《こ》は親《おや》の鏡《かがみ》 …… 15
転《ころ》がる石《いし》には苔《こけ》むさず …… 41

【さ】
歳月《さいげつ》は人《ひと》を待《ま》たず …… 97
歳月人《さいげつひと》を待《ま》たず …… 97
策士策《さくしさく》に溺《おぼ》れる …… 71
猿《さる》の尻笑《しりわら》い …… 101
猿《さる》も木《き》から落《お》ちる …… 71
去《さ》る者《もの》は日々《ひび》にうとし …… 97
触《さわ》らぬ神《かみ》にたたりなし …… 65
山椒《さんしょう》は小粒《こつぶ》でぴりりと辛《から》い …… 35
山椒《さんしょう》は小粒《こつぶ》でもぴりりと辛《から》い …… 35

【し】
鹿《しか》を逐《お》う者《もの》は山《やま》を見《み》ず …… 29
鹿《しか》を逐《お》う猟師《りょうし》は山《やま》を見《み》ず …… 29
地獄《じごく》で仏《ほとけ》 …… 107
地獄《じごく》で仏《ほとけ》に会《あ》う …… 107
地獄《じごく》にも鬼《おに》ばかりではない …… 107
地獄《じごく》の沙汰《さた》も金次第《かねしだい》 …… 61
死人《しにん》に口《くち》なし …… 107
渋柿《しぶがき》の長持《ながも》ち …… 83
重箱《じゅうばこ》のすみをようじでほじる …… 87
朱《しゅ》に交《まじ》われば赤《あか》くなる …… 9
正直《しょうじき》は一生《いっしょう》の宝《たから》 …… 31
正直《しょうじき》は最善《さいぜん》の策《さく》 …… 31
正直者《しょうじきもの》が損《そん》をする …… 31
正直者《しょうじきもの》が馬鹿《ばか》を見《み》る …… 31
上手《じょうず》の手《て》から水《みず》が漏《も》る …… 71

【す】
空《す》き腹《はら》にまずいものなし …… 59
すべての道《みち》はローマに通《つう》ず …… 51
住《す》めば都《みやこ》 …… 103
相撲《すもう》に勝《か》って勝負《しょうぶ》に負《ま》ける …… 19

【せ】
背《せ》に腹《はら》は代《か》えられない …… 43
背《せ》に腹《はら》は代《か》えられぬ …… 43
前車《ぜんしゃ》の轍《てつ》を踏《ふ》む …… 81

【そ】
損《そん》して得《とく》とれ …… 17

【た】
大山鳴動《たいざんめいどう》してねずみ一匹《いっぴき》……85
大事《だいじ》の前《まえ》の小事《しょうじ》……101
大事《だいじ》は小事《しょうじ》より起《お》こる……101
鯛《たい》の尾《お》より鰯《いわし》の頭《かしら》……27
鷹《たか》は飢《う》えても穂《ほ》をつまず……39
他山《たざん》の石《いし》……81
畳水練《たたみすいれん》……37
畳《たたみ》の上《うえ》の水練《すいれん》……37
ただより高《たか》いものはない……63
立《た》っているものは親《おや》でも使《つか》え……15
立《た》っていれば仏《ほとけ》でも使《つか》う……15
蓼食《たでく》う虫《むし》も好《す》き好《ず》き……53
旅《たび》の恥《はじ》はかき捨《す》て……75
旅《たび》は道《みち》づれ世《よ》は情《なさ》け……75
短気《たんき》は損気《そんき》……17
【ち】
ちょっとなめたが身《み》の詰《つ》まり……47
【つ】
月夜《つきよ》に釜《かま》を抜《ぬ》かれる……77
月夜《つきよ》に提灯《ちょうちん》……77
つまずく石《いし》も縁《えん》の端《はし》……95
【て】
敵《てき》に塩《しお》を送《おく》る……111
敵《てき》は本能寺《ほんのうじ》にあり……73
出《で》る杭《くい》は打《う》たれる……69
手《て》を出《だ》してやけどする……65
天災《てんさい》は忘《わす》れたころにやってくる……45
転石苔《てんせきこけ》を生《しょう》ぜず……41
【と】
豆腐《とうふ》にかすがい……21
時《とき》は金《かね》なり……63
毒食《どくく》わば皿《さら》まで……47
毒《どく》を食《く》らわば皿《さら》まで……47
毒《どく》を食《く》らわば皿《さら》までねぶれ……47
所変《ところか》われば品変《しなか》わる……59
年寄《としよ》りの冷《ひ》や水《みず》……109
となりの芝《しば》は青《あお》い……99
となりの花《はな》は赤《あか》い……99
となりの飯《めし》は白《しろ》い……99
鳥《とり》なき里《さと》の蝙蝠《こうもり》……67
泥縄《どろなわ》……45
泥棒《どろぼう》に追《お》い銭《せん》……49
泥棒《どろぼう》にも三分《さんぶ》の理《り》……49
泥棒《どろぼう》を見《み》て縄《なわ》をなう……45
【な】
長《なが》い物《もの》には巻《ま》かれよ……27
長《なが》い物《もの》には巻《ま》かれろ……27

泣《な》く子《こ》と地頭《じとう》には勝《か》てぬ …… 11
泣《な》く子《こ》は育《そだ》つ …… 11
鳴《な》く猫《ねこ》はねずみを捕《と》らぬ …… 55
情《なさ》けは人《ひと》のためならず …… 75
夏歌《なつうた》うものは冬泣《ふゆな》く …… 45
七転《ななころ》び八起《やお》き …… 41
ナポリを見《み》てから死《し》ね …… 51
生兵法《なまびょうほう》は大怪我《おおけが》のもと …… 37
生兵法《なまびょうほう》は怪我《けが》のもと …… 37
ならぬ堪忍《かんにん》するが堪忍《かんにん》 …… 83
何《なん》でも来《こ》いに名人《めいじん》なし …… 67

【に】

逃《に》がした魚《さかな》は大《おお》きい …… 113
憎《にく》まれっ子《こ》世《よ》にはばかる …… 83
憎《にく》まれっ子《こ》世《よ》にはびこる …… 83
逃《に》げた魚《さかな》は大《おお》きい …… 113
日光《にっこう》を見《み》ずして結構《けっこう》と言《い》うな …… 51

【ぬ】

糠《ぬか》に釘《くぎ》 …… 21
盗人《ぬすびと》に追《お》い銭《せん》 …… 49
盗人《ぬすびと》にも三分《さんぶ》の理《り》 …… 49
盗人《ぬすびと》の昼寝《ひるね》 …… 49
盗人《ぬすびと》を捕《と》らえてみればわが子《こ》なり …… 49

【ね】

寝《ね》ていて転《ころ》んだためしなし …… 41
念《ねん》には念《ねん》を入《い》れよ …… 87

【の】

後《のち》の百《ひゃく》より今《いま》の五十《ごじゅう》 …… 25
のれんに腕押《うでお》し …… 21

【は】

始《はじ》め良《よ》ければ終《お》わり良《よ》し …… 79

【ひ】

火消《ひけ》しの家《いえ》にも火事《かじ》 …… 57
庇《ひさし》を貸《か》して母屋《おもや》を取《と》られる …… 91
必要《ひつよう》は発明《はつめい》の母《はは》 …… 43
人《ひと》には添《そ》うてみよ馬《うま》には乗《の》ってみよ …… 103
人《ひと》の痛《いた》いのは三年《さんねん》でも辛抱《しんぼう》する …… 111
人《ひと》のふり見《み》てわがふり直《なお》せ …… 81
人《ひと》は一代名《いちだいな》は末代《まつだい》 …… 53
人《ひと》はパンのみにて生《い》くるにあらず …… 53
人《ひと》は見《み》かけによらぬもの …… 53
人《ひと》をのろわば穴二《あなふた》つ …… 73
人《ひと》を見《み》たら泥棒《どろぼう》と思《おも》え …… 103
人《ひと》を見《み》て法《ほう》を説《と》け …… 103
百日《ひゃくにち》の説法《せっぽう》屁《へ》一《ひと》つ …… 21
瓢箪《ひょうたん》から駒《こま》 …… 43
瓢箪《ひょうたん》から駒《こま》が出《で》る …… 43
貧《ひん》すれば鈍《どん》する …… 33

【ふ】
夫婦《ふうふ》げんかは犬《いぬ》も食《く》わない……47
夫婦《ふうふ》げんかは犬《いぬ》も食《く》わぬ……47
河豚《ふぐ》は食《く》いたし命《いのち》は惜《お》しし……47
太《ふと》いものには呑《の》まれよ……27
【ほ】
坊主《ぼうず》憎《にく》けりゃ袈裟《けさ》まで憎《にく》い……89
吠《ほ》える犬《いぬ》はかみつかぬ……55
仏作《ほとけつく》って魂《たましい》入《い》れず……79
仏造《ほとけつく》って魂《たましい》入《い》れず……79
仏作《ほとけつく》って眼《まなこ》を入《い》れず……79
仏造《ほとけつく》って眼《まなこ》を入《い》れず……79
ぼろは着《き》ても心《こころ》は錦《にしき》……33
【ま】
負《ま》けるが勝《か》ち……17
馬子《まご》にも衣装《いしょう》……33・53
待《ま》てば海路《かいろ》の日和《ひより》あり……25
【み】
ミイラ取《と》りがミイラになる……57
水清《みずきよ》ければ魚棲《うおす》まず……113
水心《みずごころ》あれば魚心《うおごころ》……113
【め】
名物《めいぶつ》にうまいものなし……59
目《め》くそ鼻《はな》くそを笑《わら》う……101
【や】
安物買《やすものが》いの銭失《ぜにうしな》い……63
柳《やなぎ》に風折《かざお》れなし……69
柳《やなぎ》に雪折《ゆきお》れなし……69
病《やまい》は気《き》から……105
山《やま》より大《おお》きな猪《いのしし》は出《で》ぬ……85
【ゆ】
幽霊《ゆうれい》の正体見《しょうたいみ》たり枯《か》れ尾花《おばな》……85
【よ】
夜道《よみち》に日《ひ》は暮《く》れぬ……77
寄《よ》らば大樹《たいじゅ》の陰《かげ》……27
【る】
類《るい》は友《とも》をよぶ……9・99
類《るい》を以《もっ》て集《あつ》まる……9
【ろ】
ローマは一日《いちにち》にしてならず……51
【わ】
若《わか》いときの苦労《くろう》は買《か》ってでもせよ……81
若《わか》いときの苦労《くろう》は買《か》ってもせよ……81
若《わか》いときの苦労《くろう》は買《こ》うてでもせよ……81
わが身《み》をつねって人《ひと》の痛《いた》さを知《し》れ……111
渡《わた》る世間《せけん》に鬼《おに》はない……107

著者紹介

著者・よこたきよし

1948年長野県生まれ。児童書出版社で編集などを担当。その後、「ことば絵辞典」（偕成社）、「最新記号の図鑑」（あかね書房）、「わらべきみかの四字熟語かるた」（ひさかたチャイルド）、「読み聞かせイソップ50話」「読み聞かせとんち・わらい話50話」（チャイルド本社）、「あいうえおのえほん」（金の星社）、「小学生からのことわざ教室」「小学生からの四字熟語教室」「小学生からの慣用句教室１・２」（教育評論社）などを執筆。

イラスト・大林のぼる

1957年東京都生まれ。イラストレーターとして、児童書・絵本に作品を発表。また、オリジナルキャラクター制作も手がけ、造形作家と組んで創作活動を行う。クイズ、パズル、なぞなぞ本など作家としての著書も多数。主な著書は「心理ゲームスタジアム」（高橋書店）、「なぞなぞどうぶつえん」（西東社）等。また、「小学生からのことわざ教室」「小学生からの四字熟語教室」「小学生からの慣用句教室１・２」（教育評論社）のイラストを手がける。

小学生からのことわざ教室２　N.D.C. 810　120P　185 × 175mm

2013年8月29日　初版　第1刷

著　者：よこたきよし
発行者：阿部黄瀬
発行所：株式会社 教育評論社
〒103-0001
東京都中央区日本橋小伝馬町12- 5 YSビル
ＴＥＬ：０３-３６６４-５８５１
ＦＡＸ：０３-３６６４-５８１６
http://www.kyohyo.co.jp/
編　集：imageclip inc.
印刷所：萩原印刷 株式会社

ISBN978-4-905706-79-3